La face cachée
de
l'Opus Dei

Bruno Devos

La face cachée de l'Opus Dei

Documents secrets : les vérités qui dérangent

ÉDITIONS FRANCE LOISIRS

Édition du Club France Loisirs,
avec l'autorisation des Éditions Presses de la Renaissance.

Éditions France Loisirs,
123, boulevard de Grenelle, Paris.
www.franceloisirs.com

ISBN : 978-2-298-03062-4

Avant-propos

L'Opus Dei, ou Œuvre de Dieu, a été fondée en 1928 à Madrid par un prêtre catholique, José-maria Escriva de Balaguer. Il souhaitait former une élite de laïcs capables de propager l'idéal chrétien dans les milieux intellectuels. Pour répondre à ce vœu d'excellence, un membre de l'Œuvre de Dieu – de « l'Œuvre », comme on l'appelle plus communément – doit mener une vie exemplaire, alliant réussite professionnelle et vie consacrée.

Pour mener à bien cette mission, le fondateur, tout en invitant ses « enfants » à mener une vie de chrétien ordinaire, leur impose une ascèse digne des ordres monastiques les plus austères, les incitant à de longues heures quotidiennes de prière, de méditation et de mortifications.

Grâce à une stratégie expansionniste très dynamique, l'Opus Dei s'est répandue de façon foudroyante en Espagne et dans le monde entier. À ce jour, elle compte officiellement plus de 88 000 membres, dont 78 % se trouvent en Espagne et en Amérique latine.

On peut regrouper ces membres en cinq catégories :

Les numéraires : laïcs, ils vivent ensemble dans des centres, exclusivement masculins ou féminins. Les numéraires s'engagent à rester célibataires et donnent l'intégralité de leur salaire à l'Œuvre.

Les numéraires auxiliaires : femmes laïcs, elles vivent dans les centres de l'Opus Dei et se consacrent au service des numéraires. Elles ne sont autorisées à suivre des études qu'en rapport avec leur fonction d'auxiliaire. Elles ne perçoivent pas de salaire et, dans certains pays, n'ont droit ni à un contrat de travail ni à la sécurité sociale. Elles ne peuvent se déplacer que sous l'escorte d'une numéraire.

Les agrégés : laïcs des deux sexes, ils ont les mêmes obligations que les numéraires (engagement au célibat et don de la totalité de leur salaire) mais, pour des raisons économiques, sociales ou de santé, n'habitent pas dans les centres.

Les surnuméraires : hommes et femmes laïcs, ils ont la possibilité de se marier et habitent dans leurs propres logements. Ils soutiennent financièrement l'Œuvre, selon leurs moyens.

Les prêtres de l'Opus Dei : numéraires ordonnés prêtres pour les besoins de l'Œuvre, ils n'appartiennent pas au clergé diocésain. Ils sont les seuls à pouvoir occuper les charges les plus hautes dans le gouvernement interne.

Le message de l'Opus Dei s'appuie sur « la sanctification de la vie ordinaire ». À l'instar de certains courants spirituels, comme le hassidisme ou le bouddhisme zen, l'Opus Dei propose une recherche constante du divin dans le quotidien. Enfant de Dieu, tout homme est appelé à vivre chaque instant de son existence dans sa confiance et son amour. C'est mû par cet idéal que l'on entre dans l'Œuvre. L'Église a approuvé cette spiritualité et les moyens proposés pour la mettre en pratique : elle a même canonisé en 2002 le fondateur de l'Opus Dei, que l'on doit appeler désormais « saint Josémaria ».

Si l'Opus Dei est tolérée, c'est probablement parce que l'apparence qu'elle présente aux responsables de l'Église est radicalement différente de ses pratiques réelles. Ses messages officiels rassurent, les quelques livres qu'elle publie sont soigneusement délestés de tout ce qui pourrait prêter à controverse. Cette communication édulcorée continue à attirer de jeunes laïcs de bonne volonté, désireux de rejoindre une institution dévouée aux âmes et à la société.

Pourtant, nombreux sont ceux qui quittent l'Œuvre en état de choc. Quant à ceux qui restent dans l'organisation, beaucoup présentent des symptômes de dépression, d'épuisement chronique ou des troubles psychosomatiques. Pourquoi une organisation, qui se targue de porter au monde un si beau message évangélique, produit-elle tant de fruits amers ?

Par excès de zèle – et peut-être pour d'autres raisons plus obscures –, l'Opus Dei radicalise les principes fondamentaux du christianisme. Les vertus deviennent des exigences intransigeantes, accompagnées d'une obligation de résultat toujours plus grande. L'évolution spirituelle d'un individu se mesure à l'accomplissement d'une multitude de règles aussi précises que rigoureuses. Une telle pratique engendre une fatigue qui peut aller jusqu'à la perte d'identité.

Le mode de fonctionnement de l'Opus Dei est codifié dans des documents internes qui n'ont pas été communiqués au Vatican. Ces documents, conservés dans des armoires fermées à clef situées dans les centres et au siège de la prélature, sont enfin livrés à la sagacité du lecteur dans cet ouvrage, à travers de larges extraits forts éloquents dont on pourra poursuivre la lecture sur le site Internet :

www.opus-info.org

Première Partie

UNE VIE AU SEIN DE L'OPUS DEI

1

Une emprise insidieuse

Troisième enfant de ma famille, je suis né en 1977 à Paris. J'ai deux sœurs et un frère. Mes parents se sont séparés lorsque j'avais trois ans, dès lors nous ne vîmes mon père qu'aux vacances. Sa maladie l'empêchait de supporter longtemps notre chahut familial. Elle l'avait amené progressivement à quitter son métier d'informaticien pour devenir jardinier, puis gardien de nuit à Toulouse. La reliure traditionnelle occupait tout son temps libre.

Avec son seul emploi de secrétaire, maman aurait eu des difficultés à nous élever seule, mais elle a pu compter sur le soutien efficace de sa grande famille.

J'ai donc grandi à Versailles, dans la maison de mes grands-parents maternels. Cette maison vit au rythme des allées et venues de mes cousins, une cinquantaine du côté de ma mère, près d'une vingtaine du côté de mon père. La famille de ma mère, plutôt intellectuelle, se compose majoritairement d'avocats. Du côté de mon père, ce sont plutôt des industriels ou des commerçants.

J'ai reçu une éducation catholique traditionnelle : catéchisme familial, collège Saint-Jean-de-Béthune, scoutisme d'Europe, abonnements à *Famille chrétienne* et à *Spectacle du monde*, musique classique, etc., dans un entourage très masculin : établissements pour garçons de la primaire au lycée, scoutisme, rugby… Je n'avais quasiment aucun contact avec les filles en dehors de mes cousines, de mes sœurs et de leurs amies. Aucune rudesse ou cruauté cependant dans cet environnement 100 % viril. Dans ce milieu assez élitiste, sans drogue ni violence, les idéaux promus étaient le partage et le respect de l'autre.

Durant mon temps libre, je lisais, allongé sur mon lit, en écoutant de la musique. Peu enclin à l'étude (j'ai redoublé ma quatrième), je préférais le rugby pour lequel j'étais assez bon – mon équipe ayant joué en ligue A junior. J'ai d'ailleurs été sélectionné dans l'équipe départementale.

J'étais pieux. Comme tous les membres de ma famille j'allais au catéchisme et entretenais avec l'aumônier de ma troupe de scouts des rapports chaleureux et confiants. C'est précisément au cours du premier camp de patrouille à l'abbaye de Fontgombault que j'ai ressenti, à douze ans, le désir de me consacrer à Dieu. Je baignais dans la liturgie de la semaine sainte. Les offices célébrés en latin duraient plus de quatre heures, mais je ne voyais pas le temps passer. La vie monastique m'attirait. Mon désir ne relevait pas de l'illumination et encore moins d'une décision définitive. Simplement, je me sentais si bien dans ce milieu que l'idée m'est venue naturellement. Dieu était le plus important, je voulais consacrer ma vie à approfondir ma relation avec lui, à le faire connaître autour de moi.

À Versailles, bastion du catholicisme, être jeune et pratiquant n'a rien d'original, tout mon entourage allait à la messe. Il me semblait cependant que, d'une manière générale, les gens manquaient d'enthousiasme, de conviction. Le catéchisme à l'école n'était pas très vivant non plus. On y parlait de Moïse et de saint Paul, assez peu de Jésus ou du sens de la vie.

Le fait d'apparaître comme un peu à part aux yeux de mes camarades non croyants, loin de me déstabiliser, renforçait ma foi. Mon style de vie différait du leur, mais je l'assumais. L'exemple de ma famille profondément croyante et ce que je vivais au scoutisme m'incitaient à passer outre les moqueries. Face au marasme spirituel, il restait des gens qui ne se cachaient pas d'être chrétiens, assumant des idéaux élevés qui étaient également les miens.

J'ai connu l'Opus Dei par ma mère. Elle en avait été membre, d'abord surnuméraire, puis numéraire. Elle l'avait quittée mais, en esprit, elle lui appartenait toujours. Elle y comptait encore beaucoup d'amies qui lui apportaient un réel soutien. Quant à mon père, il faisait bénéficier le centre de Toulouse de ses talents de bricoleur et trouvait auprès des résidents un véritable accompagnement.

Aujourd'hui seulement, maman évoque les raisons de sa sortie de l'Opus Dei. Elle n'arrivait plus à suivre le rythme imposé. Ce départ l'a longtemps culpabilisée, elle croyait n'avoir pas été à la hauteur de son engagement, puisque d'autres avaient pu tenir.

J'ai pris contact avec l'Œuvre pour la première fois à l'occasion d'un camp de ski du club Fennecs de Paris, où maman m'avait envoyé. Le programme proposé était à la fois complet et attirant : aide à l'étude, jeux, cours de formation chrétienne, etc. Il y avait également des conférences sur des sujets culturels, historiques. On s'y amusait bien et l'encadrement était sympathique. Après le camp, je n'allai plus au club parce que c'était trop loin de la maison.

Un jour, un de mes cousins me prêta une trompette qu'il n'utilisait pas. Il ne me restait qu'à apprendre à en jouer. Me souvenant que le club Fennecs proposait des activités musicales proches de la gratuité, je me décidai à y aller toutes les semaines. Emmanuel, le professeur de musique, se montrait très amical. J'avais quatorze ans, le fait qu'un jeune homme de vingt-trois ans s'intéresse à moi était particulièrement valorisant.

Au bout d'un an environ, Emmanuel proposa de changer l'heure du cours de musique pour que je puisse profiter des autres activités du centre, en particulier de la méditation dirigée par l'aumônier. Les horaires furent spécialement aménagés pour moi et je passais de plus en plus de temps au club, à profiter des activités religieuses. Le prêtre était passionnant. Il parlait de Jésus non comme d'un personnage historique, à la manière dont on évoquait Moïse à la messe ou Jules César à l'école, mais comme d'une personne vivante, avec laquelle on pouvait être en lien à chaque moment de sa vie. Les moniteurs, comme l'aumônier du club, vivaient en cohérence avec leur foi. Ici, le sens du sacré était palpable.

Le comportement des personnes du centre correspondait à ce que j'avais envie de vivre. Je ressentais là un engagement de chacun que je n'avais encore jamais rencontré. Le jeune aumônier scout, à qui j'avais demandé d'être mon directeur spirituel, ne prenait jamais l'initiative de nos discussions. Il répondait à mes questions mais ne me conseillait pas. Avec l'aumônier, j'ai vu la différence : c'était un intervenant chaleureux, plein d'idées, qui m'encourageait dans ma lutte quotidienne, m'incitant au développement d'une vie spirituelle que lui-même manifestait au quotidien. Les solutions qu'il proposait pour y parvenir étaient plutôt radicales, cela me plaisait. Au club, il n'y avait pas de compromis : on était sérieux, on ne trichait pas, on vivait en accord avec ce que l'on disait.

Le centre offrait un encadrement de qualité. Mon professeur de musique, Emmanuel, était espagnol. Venu en France quatre ans plus tôt, il jouait de la flûte au conservatoire et avait remporté plusieurs concours. Décontracté, toujours souriant, il était un excellent compagnon que j'avais toujours plaisir à retrouver. L'abbé était âgé d'une quarantaine d'années. Sa vaste culture m'impressionnait. Plein d'humour, il suscitait une relation naturellement empreinte de chaleur et d'estime. J'avais la chance d'avoir trouvé un directeur spirituel solide et crédible.

J'approfondissais ma foi sans trop me poser de questions, cherchant davantage à la développer qu'à m'y confronter. J'essayais surtout de lutter contre mes tendances à la paresse et à la masturbation. Les filles ne m'intéressaient pas encore, ou plutôt, elles m'intimidaient.

Je ne m'interrogeais pas davantage sur la vie du centre, je ne me demandais pas d'où venaient les moniteurs du club, s'ils habitaient sur place, ni ce qu'ils faisaient le reste du temps. Cela ne m'intéressait pas. On ne parlait pas trop de l'Opus Dei en tant que telle, en revanche saint Josémaria était cité en permanence. Il était la référence. On me fit lire son livre, *Chemin*. Concret, conquérant, radical et traditionnel, il m'a plu.

Un matin, Dominique, le directeur du club, m'a fait venir dans son bureau. Sans ambages, il m'a dit m'avoir observé depuis quelque temps et avoir décelé en moi une vocation de numéraire. J'étais abasourdi, jamais ne m'était venue à l'esprit une telle idée. Développant la sienne, il me proposa une vie consacrée. Tout en restant un chrétien ordinaire, je devrais m'efforcer de rapprocher mon entourage de Dieu. Pour y parvenir, l'Opus Dei m'apporterait son soutien sous forme de direction spirituelle, de formation religieuse, etc.

Je ne voyais pas pourquoi il me proposait cela. Je ne me sentais absolument pas mûr pour une telle décision, de plus je n'en voyais pas l'intérêt : j'étais déjà un chrétien ordinaire au milieu du monde, recevant un soutien de la part de l'Opus Dei. En quoi devenir membre ajouterait-il quelque chose ? Le directeur me cita les mots du fondateur : « Les hommes sont comme des réverbères. Un homme ordinaire est un réverbère éteint, un membre de l'Opus Dei est un réverbère allumé. »

Voyant que je ne comprenais pas cette métaphore, il prononça ces mots qui allaient souvent m'être répétés par la suite : « Tu ne comprends pas pour le moment parce que tu n'es pas assez formé. Tu comprendras plus tard. Aie confiance. » J'avais quinze ans. Je ne sus trop quoi dire et répondis que j'avais envisagé, un moment, de devenir bénédictin. Concluant l'entretien, le directeur me demanda de réfléchir à cette vocation de numéraire dont nous reparlerions ensemble.

La semaine suivante, et chaque fois que je venais au centre, Dominique me faisait appeler et me demandait des nouvelles. Il me réexpliquait ce qu'est un numéraire de l'Opus Dei. Il me disait que l'Église avait besoin de beaucoup d'ouvriers pour convertir la société, que trop peu de gens se consacrent à Dieu et qu'il fallait être généreux avec Lui, Lui donner tout ce que l'on possède. La générosité revenait toujours, comme la marque de notre engagement.

Mes entretiens avec l'aumônier tournaient désormais presque exclusivement autour de ma vocation. Bien que cette idée ne dépassât pas pour moi le cadre de ces conversations, tous deux m'invitaient chaque fois à prier pour que Dieu m'éclaire.

Je n'ai pas sollicité d'avis extérieur car ils m'en dissuadèrent, arguant du fait que les prêtres diocésains ne connaissent pas bien l'Opus Dei, qu'ils ne seraient pas aptes à me conseiller. Ils répétaient aussi que, s'agissant là d'une question toute personnelle, relevant de la vie intérieure, personne n'avait à décider pour moi, et que d'ailleurs rien ne m'obligeait à en parler à mes parents.

Je partis en vacances à Denver avec le club pour les JMJ en 1993. Avant le départ, Dominique m'avait à nouveau incité à réfléchir à ma vocation. Ce sujet m'était complètement sorti de l'esprit et, quand à mon retour il voulut savoir si j'avais un peu avancé, je dus rapidement inventer une réponse afin de ne pas le décevoir.

Le sujet revenait en permanence sur le tapis. Au bout de six mois, j'avais vraiment envie que ma vocation se révèle une bonne fois pour toutes ! Lors d'une retraite de trois jours organisée par l'Opus Dei, soudain, tout s'éclaira. De toute évidence, l'Œuvre représentait quelque chose d'important pour moi. Ma piété et mon environnement familial me montraient clairement le chemin. Mon désir de mettre ma vie au service de Dieu trouvait ici une réponse : Dieu m'avait créé pour être numéraire.

Emmanuel avait participé spécialement à cette retraite pour accompagner ma réflexion, me donner des textes sur la vocation et répondre à mes questions. Quand je lui fis part de ma découverte, il fut aux anges. Il me dit qu'il ne me restait plus qu'à l'annoncer au directeur. Il m'a aussi prévenu que Dominique me mettrait à l'épreuve pour vérifier la solidité de ma vocation. Je devais donc rester ferme et ne pas me décourager. En réalité, Dominique m'a seulement recommandé de prier et m'a invité à revenir trois jours plus tard pour rédiger une demande d'admission. J'avais seize ans.

Lorsque j'eus écrit cette lettre, Dominique et tous les moniteurs du centre m'entourèrent pour me féliciter. Ils me déclarèrent membre de l'Opus Dei et m'informèrent des usages. Il me fallait dorénavant dire « notre Père » au lieu de « Josémaria », « le Père » en parlant du prélat, saluer les membres de l'Opus Dei d'un « *Pax* » auquel il serait répondu « *In aeternum* ».

Je voulus confier à Emmanuel ma joie d'avoir progressé dans ma prière. Il me répondit qu'il n'était pas mon directeur spirituel et que je ne devais parler de ma vie intérieure qu'avec ce dernier. Ce fut pour moi comme une douche glacée. J'avais l'impression que le fait d'être devenu numéraire, plutôt que de nous rapprocher, créait une distance…

Le centre allait devenir ma maison, j'étais invité à m'y sentir comme chez moi. Il me fut précisé que, n'étant pas majeur, je n'étais pas encore pleinement membre de l'Opus Dei, mais que cela n'avait aucune importance puisque ma vocation, n'est-ce pas, était à vie.

Pour fêter mon admission, Dominique m'invita à boire un chocolat, ma tante, numéraire, m'offrit un goûter. Dix-huit mois plus tard, une brève cérémonie dans l'oratoire du centre marqua le renouvellement de mon engagement, conformément aux statuts de l'Œuvre.

Officiellement, l'Œuvre n'accueille pas de mineurs. Dans la pratique, j'en suis la preuve, la demande d'admission peut s'effectuer dès l'âge de quatorze ans et demi, et cette demande est vécue comme un engagement pour la vie. Pour autant, il s'agit seulement d'une déclaration d'intention, les membres étant des laïcs.

Mon engagement me procura aussitôt un immense soulagement. Finis les doutes ! Et j'étais davantage entouré, les numéraires se montraient chaleureux, les directeurs, attentifs.

Avant mon entrée à l'Œuvre, on m'avait dit que mes activités resteraient compatibles avec ma vocation. Je dus cependant renoncer au scoutisme, car il me prenait du temps et que je devais en passer le plus possible au club. L'année suivante je dus arrêter aussi le rugby.

En 1995, peu avant mon bac de français, Dominique me convoqua dans son bureau et m'annonça que le prélat me proposait de participer au développement de l'Opus Dei en Pologne. Nous étions au mois de juin, il me faudrait donc envisager d'effectuer la prochaine année scolaire à Varsovie. Je serais logé dans une résidence habitée par une dizaine d'étudiants et cinq numéraires. Si je ne m'y plaisais pas, j'aurais toujours la possibilité de revenir. Quelle aventure ! Il ne m'est même pas venu à l'idée de refuser.

De retour à la maison, je me suis jeté sur l'encyclopédie pour en apprendre un peu plus sur la Pologne. Après le dîner, j'ai demandé à maman la permission de partir. Ce fut un choc. Mais elle m'a toujours laissé beaucoup de liberté dans la prise de mes responsabilités. En outre, accordant une confiance aveugle à l'Opus Dei, elle était fière que son fils ait été choisi pour aller évangéliser un autre pays. Elle accepta donc ce sacrifice d'emblée, bien que vivant à ce moment-là une période douloureuse, un an après la mort de papa, et deux mois après la mort de sa mère.

En revanche, mon départ fut pénible pour mon frère et mes sœurs.

2

L'aventure polonaise

Je me rappelle encore ce moment où j'avançais seul sur la rampe qui menait à l'avion, un aller simple en poche. Je me sentais comme les acteurs du film *Apollo 13*, quand les pilotes montent dans la fusée spatiale. J'étais confiant, sachant que je serais accueilli dans un centre de l'Œuvre et que je pourrais suivre ma terminale au lycée français. En outre, j'étais heureux de quitter la maison, fier de prendre mon indépendance.

Juste après avoir atterri à Varsovie, je fus harponné par une dizaine de chauffeurs de taxi. J'attendis, espérant être repéré par mes nouveaux compagnons. Conséquence d'une erreur de traduction, le comité d'accueil cherchait un grand blond. Je suis petit et brun... Un quart d'heure plus tard, dans l'aéroport devenu désert, je finis tout de même par être récupéré et conduit au centre où Nicolas, le directeur espagnol, Mariusz, le premier numéraire polonais, et Yaroslaw, un numéraire américain d'origine polonaise, m'accueillirent. Il était 23 heures. Naïvement, j'avais imaginé que l'arrivée d'un petit Français serait un événement, que l'ensemble de la communauté serait prévenu et m'attendrait. Mais non. La moitié des résidents l'ignoraient, et les autres étaient déjà couchés. Je ne fis leur connaissance que le lendemain au petit déjeuner, au cours duquel on m'interrogea poliment sur la Révolution française et la Commune de Paris…

Les chambres de la résidence étaient prévues pour trois ou cinq personnes, avec salles de bains communes. On m'a montré mon lit, mon armoire et mon étagère.

Nous étions dix-huit en tout, numéraires et garçons non membres de l'Œuvre. Nous formions une communauté chaleureuse et sympathique, mes compagnons m'encourageaient et corrigeaient mes erreurs de langue.

Lors de notre premier entretien, le directeur me communiqua l'emploi du temps, commun à tous les centres du monde.

Le réveil a lieu à 5 h 50. Certains se lèvent plus tôt pour faire de la gymnastique ou aller courir. Quarante minutes sont prévues pour la toilette à l'issue de laquelle on se rend à l'oratoire pour la prière et la messe. La prière dure trente minutes. Quelqu'un lit à voix haute *Méditations*, un livre du fondateur réservé aux membres de l'Opus Dei, qui commente l'Évangile.

Après la messe, le directeur surveille le temps réglementaire de l'action de grâce. Elle doit durer dix minutes. Il est parfois difficile de rester assis à l'oratoire alors qu'il ne reste que deux minutes pour le petit déjeuner ou que l'on risque de rater l'autobus. Ces dix minutes sont cependant obligatoires. On peut ensuite partir en courant dans sa chambre, jeter veste et cravate, redescendre rapidement à la salle à manger, avaler quelque chose. Après quoi, chacun peut vaquer à ses occupations.

À l'heure du repas, tout le monde attend à la porte de la salle à manger. Seul le directeur a le droit de l'ouvrir. Chacun prend place. Le directeur agite une petite cloche pour obtenir le silence et quelqu'un récite alors le bénédicité. Le directeur regarde encore sa montre : le déjeuner et le dîner durent trente minutes. On est tenu de rester ce temps à table, que l'on ait terminé son repas ou non. À part durant les camps d'été, je n'avais jamais vécu dans un centre, je ne connaissais donc pas ce règlement.

J'utilisais déjà le cilice et les disciplines[1] au club Fennecs. Il m'était en revanche interdit de les emporter à la maison, de crainte que mes parents ne les découvrent. Au début, le cilice fait très mal, au point qu'il est difficile de ne pas boiter, et surtout de s'asseoir. Avec le temps, on y devient moins sensible. Ceux qui ont la peau délicate gardent des traces qu'ils doivent soigneusement cacher, surtout à la piscine ! Si quelqu'un nous interrogeait sur ces blessures, il fallait inventer une explication. De la même manière, on nous demandait de mentir à nos

1. Cilice : sorte de bracelet en fer avec des pointes. Disciplines : petits fouets en corde. Instruments de mortification répandus dans les milieux monastiques d'antan.

parents et à notre entourage, sous couvert d'un devoir de réserve : nous nous devions d'être des chrétiens ordinaires dans le monde.

Ordinaires, mais irréprochables. L'Opus Dei insiste beaucoup sur l'apparence qui doit rester à tout instant un modèle. Je fus rappelé plusieurs fois à l'ordre pour avoir laissé friser mes cheveux. Les numéraires doivent avoir les cheveux courts et bien lissés. À la messe, veste, cravate et chaussures de cuir sont de rigueur. Il est bien sûr interdit de porter des pantalons courts ou des tee-shirts, ou des manches courtes aux repas.

Il n'y a pas d'uniforme, un membre de l'Opus Dei ne devant pas présenter de signe distinctif. Chacun cependant achète ses vêtements accompagné d'un numéraire, chargé de guider ses choix. Jusqu'à il y a dix ans, les femmes n'avaient pas le droit au pantalon. Le port de la jupe, de manches longues et de collants était obligatoire, même en été.

Au final, la manière classique et élégante de s'habiller des membres est partout reconnaissable.

L'Opus Dei perpétue et sanctifie ce style de vie propre aux maisons nobles de l'Espagne d'avant-guerre qui plaisait tant au fondateur, et qu'elle exporte dans le monde entier, sans tenir compte aucunement des usages locaux. S'il peut encore passer inaperçu en Europe, il déroute davantage en Océanie, en Afrique ou au Japon !

Toute dérogation aux règles appelle une « correction fraternelle ». Un membre interpelle le fautif : « Tu as un moment s'il te plaît ? », et l'entraîne dans un petit salon dont il referme la porte. On lui signale alors ce qui n'est pas conforme au règlement et on lui en répète les impératifs.

J'ai toujours eu du mal avec le choix de mes chemises dont le col est trop étroit ou les manches trop longues. J'en tenais compte dans l'ajustement de mes cravates à l'oratoire, pour éviter l'étranglement. Il me fut rappelé que le port ajusté de la cravate à la messe exprime notre respect du Saint-Sacrement. Je gardais pour moi la question de savoir s'il ne pouvait se manifester autrement.

Le règlement est là pour être appliqué, un point c'est tout. Précis jusque dans ses détails les plus infimes, minuté, il engendre de multiples corrections fraternelles... J'appris donc à allumer les cierges avant la messe de la bonne manière, en commençant par la bougie de droite, puis celle de gauche, selon l'orientation de l'autel, l'extinction se faisant en sens contraire.

Le « Tu as un moment s'il te plaît ? » prononcé fraternellement, certes, mais sur un ton de frère aîné, crée toujours un malaise. Il va de soi que l'on cherche à éviter ces corrections. Aussi devins-je mon meilleur gardien, m'astreignant au respect constant du règlement. Adieu, spontanéité !

Il règne à l'Opus Dei une atmosphère de secret visant à ne pas attirer l'attention. Ainsi, la messe se célèbre en latin lorsque nous sommes entre nous. Nous avons gardé les manières traditionnellement déférentes du rite, les amples génuflexions, les signes de croix solennels. Nous utilisons de préférence un missel – en France le *Magnificat* plutôt que *Prions en Église* – et ne donnons pas volontiers le geste de paix. En revanche, si une personne de l'extérieur assiste à la messe, les missels sont changés pour dire la messe dans la langue vernaculaire.

Plutôt que d'expliquer les raisons de ces choix, il y a une obsession à cacher le mode de vie des membres. Il en va ainsi pour les *preces*. Ce sont de petites prières à réciter en latin pour l'Église, le pape, le prélat, l'Œuvre. Il ne faut surtout pas que des étrangers récitent ces prières et l'on doit se cacher pour les dire. Cette composition et cette dichotomie incessantes entre ce que nous vivons et ce que nous pouvons montrer est délétère. À la longue, ces effets paranoïaques se révèlent dangereux pour la personne qui les subit.

Le jour de mon oblation[1], des étudiants amis n'appartenant pas à l'Opus Dei étaient présents au centre. Il fut décidé d'expédier la cérémonie pendant l'heure du petit déjeuner, lorsque tout le monde serait à la salle à manger. Deux numéraires firent office de témoins, un troisième

1. Cérémonie d'entrée à l'Opus Dei, elle me fut proposée lors de mes dix-huit ans. Pour la compréhension de certains termes, on pourra se reporter au lexique, cf. annexe 1, p. 223.

monta la garde devant la porte de l'oratoire pour que personne n'entre pendant la cérémonie. Ce fut une profonde déception pour moi. J'aurais tellement aimé pouvoir faire venir des amis, partager ma joie avec eux. Il fallait se cacher comme si nous étions des chrétiens des catacombes, comme si le monde extérieur constituait une menace.

La première année suivant mon arrivée, j'étais en terminale au lycée français, une école privée onéreuse, payée par ma mère. Nicolas, notre directeur, m'expliqua que de nombreuses fondations finançaient le développement de la Pologne et qu'il fallait en profiter. Il me demanda de solliciter une bourse auprès de l'ambassade. Cette idée ne me plaisait pas, mais je le fis.

Je me présentai comme un pauvre petit Français perdu en Pologne, dans l'espoir de faire baisser les frais de l'école. Le conseiller d'ambassade ne comprit pas ma démarche, pour lui la solution était simple : rentrer en France, où l'enseignement est gratuit ! Je comprenais ses réticences : un jeune Français arrivant sans ses parents en Pologne, évoquant un tuteur (Nicolas) qui n'était pas vraiment son tuteur, avait de quoi inquiéter. J'étais très mal à l'aise dans cette discussion, pressé d'arriver à un résultat sans avoir d'arguments véritables à exposer pour l'obtenir… Je finis par expliquer naïvement que j'étais engagé dans l'Opus Dei. J'appris, deux ans plus tard, que le conseiller avait convié mes professeurs pour leur transmettre cette information, avec circonspection, et leur demander de me surveiller.

Nous n'étions qu'une douzaine d'élèves en terminale S et entretenions de ce fait des relations proches avec nos professeurs. Le niveau était moins élevé que dans mon école précédente, j'avais de bonnes notes. Les élèves venaient de familles plutôt fortunées. Beaucoup fumaient des joints. Il m'était cependant difficile d'entretenir avec eux des relations d'amitié car j'étais trop occupé au centre. Il me fallait réciter des prières, faire mon travail de classe, apprendre le polonais deux heures par jour, effectuer des réparations d'entretien au centre, organiser des camps, etc. En outre, tous les deux jours, je devais assister aux activités du centre. Mon agenda était tellement chargé que je ne pouvais passer au plus qu'une demi-heure par semaine avec mes amis. Ils connaissaient mon appartenance à l'Opus Dei même si je ne l'avais pas criée sur les toits.

Je m'efforçais d'être « ordinaire au milieu du monde ». C'est difficile quand on ne peut pas aller au cinéma et qu'il faut éviter les filles ! Il m'était également interdit de danser. J'ai dû inventer une excuse pour ne pas aller au bal de fin d'année, ce qui n'était pas vraiment un renoncement puisque je savais que je ne pourrais pas m'amuser avec les autres, qu'il me faudrait filer rapidement pour ne pas rentrer trop tard au centre. En fait, ces fêtes m'attiraient peu. Je préférais être entouré de garçons, c'était plus reposant. Avec les filles, je devais être toujours sur mes gardes, veillant à ne pas me laisser séduire, ni à leur plaire et surtout à ne pas tomber amoureux. Les filles me plaisaient, mais j'y avais renoncé.

Je ne regrettais cependant pas d'avoir choisi cette voie. Elle me donnait un but, une raison de vivre. Les résidents du centre m'étaient sympathiques, je rencontrais des gens intéressants. Je n'ai jamais assisté à un conflit ouvert dans un centre ni été le témoin d'événements spectaculaires ou traumatisants. Une sélection rigoureuse à l'entrée réunit des personnes partageant les mêmes idéaux, la même manière de vivre. Aussi chacun fait-il des efforts pour s'intéresser aux autres, faciliter la vie en communauté, concourant à créer une atmosphère fraternelle et enrichissante. Les jeunes numéraires se soutiennent les uns les autres avec enthousiasme pour faire ensemble quelque chose de leur vie et, par leur exemplarité, contribuer à changer le monde. Pour cela, ils s'évertuent généreusement à améliorer leur comportement, consacrant leur vie à Dieu, essayant de tout leur cœur de vivre l'Évangile.

Pourtant, il n'y a pas véritablement d'amitié entre les membres. Chacun étant très pris par sa mission apostolique, il reste peu de temps pour créer de vrais liens, pour passer du temps ensemble sans motif. Parfois, des « amitiés particulières » se nouent, en violation des règlements. Elles donnent lieu à des sanctions.

Pour ma part, je me suis senti très seul, même si je ne m'autorisais pas à en prendre clairement conscience. De même, je remarquais bien que les directeurs ou les prêtres ne vivaient pas à 100 % ce qu'ils prêchaient, que parfois des rivalités se créaient, mesquines, mais je n'en tirais pas de conclusion. J'avais rejoint l'Œuvre pour Dieu, pas pour ses directeurs. Durant les treize années qui précédèrent ma sortie, pas une seule fois je n'ai remis en question l'Opus Dei, ni même ma vocation. Je cherchais toujours ma place au milieu du monde, mais il ne m'est pas venu à l'idée de changer de chemin : ma décision relevait de l'engagement définitif.

Désormais bachelier, j'ai entrepris des études de mathématiques, physique et chimie, d'une part parce que j'étais bon dans ces matières, d'autre part parce que je ne savais que faire d'autre. L'Œuvre n'a pas tenté d'influencer mon choix. Après tout, je ne voulais pas devenir comédien ! Les métiers artistiques sont plutôt déconsidérés, on privilégie l'utile : écoles de commerce, droit, architecture, médecine. Les directeurs n'apprécient pas trop les études scientifiques non plus, elles nous accaparent trop et nous rendent moins disponibles à notre mission. Ils n'interviennent toutefois que dans la mesure où on leur demande conseil.

Adieu les heures de lectures versaillaises, allongé sur mon lit ! J'étais devenu si actif que, parallèlement à mes études, on me confia de plus en plus de responsabilités. Je devins trésorier et secrétaire du centre, puis fonctionnaire au siège de la commission régionale, dressant les statistiques et gérant la correspondance avec les autres centres.

J'ai refusé cependant de remplir les formulaires de subvention de l'Union européenne dans le cadre du programme « Youth for Europe », car il m'eût fallu mentir en affirmant que les camps organisés étaient mixtes, ce qu'ils n'étaient évidemment pas… Je pris également la direction du club des collégiens dont j'assumai, par la suite, le secrétariat.

Mes études achevées, je travaillai à mi-temps pour gagner ma vie, gardant suffisamment de disponibilité pour remplir les tâches internes qui m'incombaient, entre le travail à la commission régionale, les activités du club, etc. Deux ans plus tard, j'essayai de me débarrasser de certaines charges que mon travail à plein temps de conseil informatique en gestion d'entreprises m'empêchait d'assumer. Je trouvais ces emplois par mes propres moyens. En la matière, chacun est appelé à se débrouiller seul.

En entrant à l'Opus Dei, on apporte tout ce que l'on possède : argent, maison, voiture, etc. À l'âge de seize ans, j'avais travaillé pendant l'été dans une agence de change et j'avais gagné mon premier salaire, que j'avais remis à ma mère puisque j'habitais avec elle. Les directeurs s'étaient montrés surpris de mon geste, pensant que j'allais remettre cet argent à l'Œuvre. Comme j'étais encore mineur, ils ne donnèrent pas suite à leur intention.

Pour ouvrir un compte bancaire, il faut demander la permission de la commission régionale, le directeur du centre lui-même n'ayant pas suffisamment de pouvoir pour l'autoriser. En outre, ce doit être un compte joint, ouvert avec un autre numéraire. On laisse la carte bancaire chez le trésorier du centre, avec son code, et des chèques en blanc, signés.

L'argent gagné est remis en totalité au secrétaire du centre, qui donne à chacun, au fur et à mesure, ce dont il a besoin. À la fin du mois, la liste des dépenses, du dentifrice au billet de bus, est adressée au directeur. Pour sortir boire un verre, il faut systématiquement une justification apostolique : on n'a pas à y aller pour soi. En revanche, dans le cadre de notre mission, il est possible de partager une bière avec une recrue pour prendre le temps de parler.

Tout ce qui permet de recruter de nouveaux membres est permis. Il faut être attentif cependant à ne pas perdre de temps avec ceux qui ne pourront vraisemblablement pas entrer à l'Œuvre, des personnes divorcées par exemple.

3

Au bord du gouffre

Recruter toujours d'avantage est le but caché et non avoué de l'Opus Dei. Le directeur m'avait expliqué que la phrase du fondateur « sur cent âmes, les cent nous intéressent » signifiait en fait que je ne devais m'occuper que des garçons susceptibles de développer une vocation.

Nous nous efforcions donc d'attirer au centre des personnes « utiles » et de dissuader celles qui ne l'étaient pas. Nous proposions des conférences aux étudiants par différents moyens publicitaires. Si des filles se présentaient, nous les refoulions.

Je me souviens d'un étudiant venu aux conférences à la suite d'une publicité passée à la radio. Il était atteint d'une maladie dérangeante : obèse, il transpirait abondamment. N'étant en outre pas un génie, il n'apportait rien à l'image de marque de l'Œuvre. Il était donc « inutile » et le conseil local décida de se débarrasser de lui. Rien ne pouvait se faire ouvertement, bien sûr. Il fallait donc provoquer le renoncement volontaire de l'intéressé. Mon directeur connaissait un moyen infaillible. Il chargea un membre de lui demander de l'argent chaque fois qu'il viendrait au centre. Ce fut, une fois de plus, d'une redoutable efficacité.

À ses débuts, l'Opus Dei recruta des universitaires et des étudiants. Cette stratégie devenant avec le temps moins efficace, l'âge des cibles fut abaissé et l'effort porta alors sur les lycées et les collèges[1], les jeunes se soumettant plus facilement à l'argument « c'est comme cela parce que saint Josémaria en a décidé ainsi »... Ce faisant, les directeurs se rendirent compte qu'ils intervenaient encore un peu tard, l'éducation de ces jeunes étant déjà, en grande partie, achevée.

L'éducation devint alors la nouvelle priorité. L'Opus Dei ouvrit des écoles primaires et même des maternelles, afin de transmettre ses valeurs sur des terrains vierges. L'enseignement dispensé dans ces écoles véhicule tout un lot de phobies envers le monde extérieur, présenté comme païen et dangereux.

Passé la trentaine, l'adaptation à l'obéissance que l'on attend des numéraires étant moins envisageable, les recrues intègrent une sous-catégorie, celle des agrégés.

Le prosélytisme est une obsession. C'est l'une des raisons pour lesquelles j'ai finalement quitté l'Œuvre. L'actuel prélat a décrété un beau jour avoir eu une illumination divine : dans chaque pays, dans chaque section, féminine et masculine, il devait y avoir cinq cents nouvelles voca-

1. Voir le témoignage d'Alfredo, en annexe 2, p. 231.

tions de numéraires dans l'année. Un véritable vent de folie a secoué le mouvement à la suite de cette directive. Depuis, tout ce qui bouge est incité à entrer dans l'Œuvre. Le recrutement se fait sans aucun discernement. Il ne repose plus ni sur la vocation, ni sur la maturité, ni même sur la foi, l'Opus Dei ayant décidé de s'occuper elle-même de la rechristianisation d'une société en perte du sentiment divin.

Forte de sa mission, tous les moyens lui sont bons pour attirer les gens. On étudie les préférences des garçons afin de leur offrir des activités susceptibles de leur plaire. On nous a aussi demandé d'établir la liste des cent personnes les plus influentes de la société polonaise pour ensuite entrer en contact avec elles. Bien entendu, le but était de les convaincre de leur « vocation divine » pour les gagner à l'organisation.

Manque d'efficacité apostolique, insuffisance d'efforts, d'engagement ? Je n'ai jamais pu recruter un seul membre ! Tout entrant au centre a son numéraire attitré, chargé de proposer, au sein d'une relation plus personnelle, une approche de l'Œuvre, une direction spirituelle, une préparation à la vocation. Dès que le conseil local du centre décide qu'une personne est « mûre », son ami numéraire est invité à évoquer avec elle la vocation et à rapporter ensuite aux directeurs le contenu de leur conversation. Le conseil décide alors de la suite des événements :

arguments à utiliser, livres à conseiller, activités à engager, etc.

J'ai bien sûr tenté de susciter des vocations. Mais lorsque l'on m'opposait un refus, cela mettait fin pour moi à la tentative. Pas pour les directeurs : « Laisse-le tranquille un certain temps, puis reviens sur le sujet. » Quand je répondais que mon ami m'avait demandé de ne pas insister et que j'allais respecter sa décision, c'était interprété comme de la désobéissance. On m'enlevait alors parfois la supervision de cette personne et un numéraire plus « efficace » s'en occupait.

Ce fut le cas de Christophe D., un garçon de quinze ans environ. Il venait aux activités que je dirigeais au club : cours d'informatique, aide à l'étude, cours de lecture rapide, tournois de foot, tournages de films, excursions, etc. Toutes ces activités ont pour unique objectif d'attirer les enfants aux centres. Elles sont offertes à des prix très concurrentiels, cela d'autant que les moniteurs (numéraires) ne sont pas rémunérés et qu'ils financent souvent eux-mêmes ces activités.

Christophe était un enfant pieux. Il venait au centre depuis quelques années et il était bien intégré. Le conseil local décida de le recruter. J'ai parlé avec lui de la vocation, lui ai expliqué le genre de vie que je menais et qu'il avait la possibilité de devenir comme moi. Nous avons parlé de ses buts dans la vie, mais lui ne se sentait pas prêt. Pour moi, le sujet était clos.

Je me suis absenté du centre un week-end pour emmener des garçons en excursion. Afin de répondre à la demande formelle du conseil local, j'avais posé une fois encore la question à Christophe le vendredi soir, avant de partir, de savoir s'il voulait être numéraire. Sa réponse fut à nouveau négative. À mon retour le dimanche soir, on m'apprit qu'il avait écrit la lettre de demande d'admission. Que s'était-il passé en deux jours ? Sa « vocation » a duré un an ou deux, après quoi il s'est éloigné de l'Opus Dei. Deux années pendant lesquelles on lui rappela de manière quasi quotidienne son devoir de fidélité à l'Œuvre, à Dieu.

On nous répète à l'envi : « Pour que trois numéraires persévèrent, il en faut dix qui demandent l'admission. » Qu'advient-il des sept que nous avons convaincus de leur « vocation divine » et qui nous quittent en ayant souvent l'impression de ne pas avoir été à la hauteur de leur engagement ?

Les numéraires n'ont pas de vacances mais trois semaines de « cours annuel », de philosophie, théologie, et de doctrine opusiennne. Il y a aussi une semaine de retraite par an. Les quelques jours de congés restant se passent, en général, en camps. Noël se fête avec un dîner solennel, les cadeaux et la messe ; on chante des cantiques, on regarde un film. Avec Pâques, ce sont les deux seuls jours de l'année où l'on peut faire la grasse matinée.

Pour ce qui est des cadeaux, le budget alloué est de vingt euros par personne. Chacun fait sa liste de souhaits et reçoit ce qui a pu être acheté. Un principe détermine qu'on ne peut pas utiliser les cadeaux que l'on reçoit pendant l'année. Il faut les remettre au secrétaire du centre. Ce dernier s'occupe de les redistribuer à ceux qui en ont besoin.

Maman était venue avec ma sœur pour la première fois en Pologne, deux ans après mon départ, pour fêter Noël. Elles habitaient chez un élève à qui je donnais des leçons de français pour gagner un peu d'argent. Les visites familiales au centre sont réglementées, on n'a pas le droit d'inviter à déjeuner ni de montrer nos chambres, seulement de recevoir au salon, une dizaine de minutes. Nous avons passé l'après-midi de la veille de Noël tous les trois. Je devais dîner au centre, où elles me rejoindraient pour la messe. Mon ami avait tellement peur d'arriver en retard qu'il les a conduites une heure trop tôt, juste au moment de la distribution des cadeaux. Elles ont donc assisté à la cérémonie. Ma mère n'a pas apprécié de voir le père Noël sortir les cadeaux qu'elle m'avait envoyés pendant l'année et les distribuer à tous les assistants, sauf à moi !

Je n'ai eu le droit de voir ma famille que deux ou trois jours par an, pendant les vacances. Lorsque je rentrais à Versailles, j'étais toujours de passage, pressé, suroccupé. Quand ma sœur est tombée malade, j'ai eu une excuse pour passer un peu plus de temps à la maison. Higinio, un numéraire espagnol de mon âge, n'a pas eu cette chance : il n'est retourné voir ses parents qu'au bout de cinq ans.

La vie dans les centres de l'Opus Dei est exténuante. Je finis par être débordé de toutes parts et dus reconnaître que je n'y arrivais pas, que c'était au-delà de mes moyens. Je demandai à être libéré de mon poste de secrétaire et de trésorier, ou, tout au moins, à recevoir de l'aide. Personne ne s'intéressait à mes difficultés. « Bruno s'en occupera. »

J'ai signalé maintes fois mon épuisement aux directeurs, au vicaire régional. Mais comme il n'y avait personne pour m'aider, ils m'invitaient plutôt à ne pas penser autant à moi et à persévérer. Et je persévérais, épuisé, trop sensible peut-être à la pression des directeurs. Certains de mes condisciples, plus solides, faisaient peu de cas de leurs remontrances, accomplissant ce qu'ils estimaient opportun et s'arrêtant là. Quant à moi, je m'efforçais toujours de répondre à la recommandation d'excellence, en voulant tout faire de mon mieux.

Dans l'impossibilité de me reposer, je touchais mes limites. Il m'était en effet interdit de faire la sieste, de me lever un peu plus tard ou de me coucher un peu plus tôt. Le même horaire s'impose à tous, aux jeunes comme aux plus âgés, aux malades comme aux personnes en bonne santé. Cette impossibilité de me reposer était ce qui me minait le plus. J'étais toujours sous tension, toujours en train de travailler, d'étudier ou de prier. Les temps réglementaires de détente suffisaient à certains, pas à moi.

Je m'aperçus que les directeurs et les prêtres, qui prêchaient si ardemment le profit du temps, le vivaient bien différemment. Et cela pour une bonne raison, l'optimisation préconisée est tout simplement irréalisable ! On ne peut être un automate parfait, travaillant et priant en permanence. Le modèle proposé par l'Opus Dei n'a d'ailleurs pas été accompli par son fondateur, en dépit de ce que prétendent ses hagiographes.

Les prêtres disent qu'il faut réciter le plus de chapelets possible, à chaque minute inoccupée. Mais ils ne le font pas. Pour survivre dans l'Opus Dei, il faut se distancier de ce qui est dit, choisir de ne pas tout appliquer. D'ailleurs, tout le monde ne s'engage pas à corps perdu. Certains mènent une petite vie tranquille à l'intérieur, rassurés d'être parfaits, de remplir la volonté divine et d'avoir le salut garanti. Ils sont comme de vieux prisonniers, confondant enfermement et sécurité, craignant avant tout d'avoir à affronter leur liberté. Je n'avais pas leur cuir. J'étais trop idéaliste et faisais preuve de trop bonne volonté. Cela m'a perdu, mais cela m'a aussi sauvé...

Un jour, j'ai décidé de ne plus réagir aux harangues enflammées du prélat et des directeurs. Je ne sais toujours pas ce qui a déclenché cette décision. J'ai commencé à me débarrasser peu à peu des charges que j'avais en trop. Pourtant, je me sentais toujours aussi fatigué, une fatigue de fond, constante, usante. L'année suivante, j'allégeai encore mes activités, mais sans résultat probant. Je ne retrouvais toujours pas ma vitalité.

Au bout de cinq ans, sans possibilité de repos et moins encore de récupération, j'avais de sérieux problèmes de concentration au travail. Je n'avais plus la force de lire, d'exercer un hobby, ni même de feuilleter un journal. J'ai réellement envisagé le suicide, de façon confuse, certes, mais assez sérieusement pour en être troublé et m'y appesantir. J'en faisais part aux directeurs spirituels qui m'étaient assignés, sans grande réaction de leur part.

Tout ce que j'aimais était interdit, ou bien on ne me laissait pas le temps de le faire. L'exigence spirituelle chassait l'humain de ma vie.

Quand je faisais part de mes difficultés, la réponse était invariable : prier davantage et moins penser à moi. Mes impossibilités étaient présentées comme des manifestations de l'ego : orgueil, refus de l'aide spirituelle, faiblesse de l'engagement, amour de Dieu insuffisant, etc. Ces messages, reçus en permanence, tous les jours, pendant la prière du matin, les causeries, les méditations, les lectures, etc., invitent sans cesse à se corriger coûte que coûte pour plaire à Dieu. Vivre l'exemplarité au quotidien, pour attirer d'autres fidèles. Mes états d'âme ou mes sentiments personnels n'intéressaient personne, j'étais attendu au résultat... Les directeurs ne réagissent en fait qu'au moment où les obligations ne sont plus remplies. Ils s'intéressent à nous lorsque l'on devient un problème qu'il convient de circonvenir au plus vite, afin de nous remettre au travail.

J'arrivais à chaque cours annuel à bout de forces. Les directeurs continuaient de me répondre qu'il n'y avait aucune raison valable à cet état de fait, qu'il me fallait persévérer, que les temps de repos prévus par le règlement devaient me suffire. Je n'avais qu'une envie : m'allonger sous un palmier... je n'avais plus goût à rien. À la fin de l'année 2006, je n'arrivais même plus à suivre le cours annuel. J'allais dans ma chambre et regardais le mur. Je n'avais envie d'aller nulle part. J'avais à peine la force d'accomplir le minimum nécessaire pour éviter les corrections fraternelles. Cette année-là, même les trois semaines de cours ne parvinrent pas à me remettre sur pieds.

À la sortie de ce dernier cours annuel, du fond de mon marasme intérieur, j'ai pris conscience qu'il me fallait à tout prix réagir. Et cela de manière définitive. J'ai décidé tout à coup de reprendre ma vie en main, de me soigner moi-même, de ne plus faire confiance aux directeurs. C'était fini, terminé. J'ai laissé tomber les activités internes dont j'étais chargé, excepté le club avec les enfants auxquels je voulais continuer à offrir mon affection et mon soutien.

Je savais que je ne pourrais m'en sortir seul, j'ai donc commencé à chercher de l'aide à l'extérieur. Je suis allé voir un prêtre diocésain, deux psychologues, un psychiatre et même un neurologue. Quand je leur racontai mon style de vie, je les vis écarquiller les yeux. Ce n'est qu'à ce moment-là que j'ai compris, peu à peu, que ce que nous subissions à l'Opus Dei était inacceptable. J'ai aussi compris que ma dépression et mon mal-être étaient uniquement dus à mes conditions de vie. J'avais également conscience que les décisions des directeurs n'étaient pas la cause directe de mes difficultés, mais que leur source étant institutionnelle, ces difficultés émanaient du cœur même du système imaginé et développé par Escriva de Balaguer et ses successeurs. Ainsi, même si je changeais de centre ou de pays, je resterais confronté aux mêmes impossibilités.

La seule échappatoire était donc de quitter l'Œuvre. Ce fut une décision douloureuse et pénible car je restais malgré tout persuadé de ma vocation et de l'intégrité de l'Opus Dei. À l'aide d'entretiens menés à l'extérieur, je pus prendre une certaine distance, analyser ma situation. « J'ai la vocation à être numéraire, mais cette condition de numéraire me rend malade. Dieu ne peut pas me vouloir malade, je n'ai donc pas d'autre solution que de sortir de l'Opus Dei. » Il n'existait pas d'autre solution que de couper d'un coup.

Je communiquai au directeur mon intention de partir, refusant toute discussion avec lui pour échapper aux pressions et chantages prévisibles. Il ne put qu'en prendre acte. Jusqu'alors, il ne s'inquiétait pas trop de mes plaintes. C'est seulement à ce moment qu'il prit peur, son rôle de directeur consistant précisément à éviter de telles situations. Il se montra soudain prêt à toutes les concessions pour me retenir. Ce qui était impossible auparavant devenait tout à coup possible. Mais j'étais averti, sachant que les exceptions au sein de l'Œuvre n'ont qu'un temps.

Pendant les deux semaines qui suivirent notre entretien, je cherchai un appartement. Je ne venais au centre que pour manger et dormir. Je percevais un bon salaire et il me suffisait d'arrêter de verser ma rémunération à l'Opus Dei pour retrouver mon autonomie financière. Cependant, ayant jusqu'ici tout donné à l'Œuvre, je n'avais aucunes économies. Sans ce travail à l'extérieur, je n'aurais pu donner suite à ma décision. Ceux qui travaillent en interne – ils sont nombreux – n'ont souvent pas de contrat de travail et, partant, aucune sécurité sociale, ni retraite. C'est d'ailleurs ce qui dissuade certains de partir. Ils se retrouveraient à la rue, sans le premier centime. Ma situation était confortable, il faut bien l'avouer.

Un matin, après la messe, j'ai annoncé au directeur que je m'en allais. Il a proposé de m'aider à faire ma valise ou à m'installer dans le nouvel appartement. J'ai refusé. Je voulais commencer une nouvelle vie sans aucun lien avec ceux que j'estimais responsables de mon anéantissement.

Quand je descendis l'escalier avec mes valises, l'aumônier tenta sa chance à son tour. Il me demanda un entretien. Je lui en demandai le sujet, précisant qu'il était inutile de vouloir me retenir. « Il s'agit de ton âme ! »

Ainsi, en quittant l'Œuvre, je perdais mon salut.

4

Retour à la vie

Pour l'Église, les numéraires sont des laïcs. Leur engagement n'est donc pas un vœu, mais une simple déclaration d'intention qui peut être rompue à tout moment. Toutefois, l'Opus Dei établit un lien si fusionnel avec ses membres qu'ils oublient cela.

Je ne suis pas sorti pour rechercher le bonheur, mais pour sauver ma peau. J'avais l'impression de sauter d'un train qui roulait vers le précipice. Quand la vie est en jeu, on ne se demande pas si l'atterrissage sera indolore. Je ne me sentais pas malheureux, simplement détruit. Les idéaux selon lesquels je vivais depuis quinze ans n'étaient que ruines. J'avais un mal terrible à accepter ce qui m'arrivait, je vivais cela comme un violent divorce.

Je m'en prenais à Dieu. Je lui avais consacré avec amour tout mon cœur, mes espoirs et toute ma jeunesse, dans une Œuvre que j'avais considérée comme un engagement pour la vie. Et rien ne s'était déroulé comme prévu. En quittant l'Opus Dei, avais-je perdu Dieu ?

J'ai tout de suite ressenti le besoin de comprendre ce qui s'était passé. De savoir comment un tel gâchis avait été possible. J'entrai en contact par Internet avec d'anciens membres – ils sont des dizaines de milliers. Rappelons que, selon les statistiques internes, pour trois membres actifs, il existe sept ex-membres ! Je me mis à lire des centaines de témoignages dont beaucoup présentaient des points communs avec mon expérience, m'ouvrant les yeux sur bien des choses cachées à ceux qui s'engagent.

C'est ainsi que je découvris combien l'histoire de l'Opus Dei est déformée par la propagande officielle, combien la vie du fondateur est présentée d'une manière édulcorée et embellie. En outre, la place de l'Opus Dei dans l'Église n'est pas celle que l'Œuvre enseigne à ses membres. Je me suis aussi rendu compte que les méthodes employées par l'Opus Dei s'apparentent à celles employées par les sectes. C'est un système fermé, totalitaire, qui coupe ses membres du monde et écrase ses détracteurs au nom de Dieu.

Les textes internes, réservés aux seuls dirigeants et classés dans des armoires fermées à clé, sont rédigés en espagnol. Ils supposent donc la maîtrise de cette langue. En outre, leur accessibilité s'échelonne en fonction des grades obtenus, au mérite en quelque sorte. Je n'eus accès à certains règlements qu'en me préparant à devenir directeur. Lorsque je fus nommé membre du conseil local, je reçus la clé de la fameuse armoire. Ce fut une véritable promotion, j'avais enfin accès aux sources du savoir.

Les textes sont présentés de belle manière, émaillés de citations de la Bible. Tant que j'étais opusien, je ne m'étais pas rendu compte que les comportements décrits étaient souvent contraires à l'esprit de l'Évangile. Même à ma sortie, quand je relisais les textes du fondateur, je ne trouvais rien à redire. Ce n'est qu'au bout de quelques mois, après avoir pris de la distance et récupéré un peu d'esprit critique, que je perçus d'évidentes incohérences. Je ne m'étais jamais intéressé, par exemple, au rôle de l'Opus Dei dans l'Espagne franquiste. Sur ce sujet nous disposions de réponses préparées. Au point que le livre de John Allen[1], bien que favorable à l'organisation, est introuvable dans les centres. Il n'est pas conseillé de le lire, et je ne l'avais d'ailleurs pas lu. On me remit même un argumentaire que je devais répéter aux surnuméraires pour les dissuader d'en entreprendre la lecture. Pourquoi ? Parce qu'il contient la liste des accusations envers l'Opus Dei. Ceux qui connaissent la réalité interne peuvent alors apprécier l'insuffisance de certaines réponses apportées...

À peine sorti de l'Opus Dei, j'invitai mes anciens camarades pour leur expliquer mon départ et en parler avec eux. Connaissant la manière de procéder des directeurs, je leur avais adressé un message pour qu'ils sachent bien que

1. John L. Allen, *L'Opus Dei, un regard objectif par-delà les mythes et sur la réalité de la force la plus controversée de l'Église catholique*, Doubleday, 2006.

je n'étais pas en vacances ! Aucun n'a repris contact avec moi. D'ailleurs, si l'un d'eux l'avait souhaité, il eût dû s'en ouvrir au directeur qui l'en aurait dissuadé : à quoi bon puisque, de toute façon, je ne reviendrais pas ?

Tout départ de l'Œuvre est considéré comme définitif. Il n'y a pas de pardon, pas d'enfants prodigues, c'est écrit dans les règlements. Même si je faisais acte de contrition, Dieu m'en préserve, ils ne m'accepteraient plus. Sans compter que mon analyse pourrait influencer de petits numéraires...

Je suis rayé de la liste. Je ne suis plus des leurs, ils n'ont plus de temps pour moi. Certains de mes anciens frères que je croise parfois dans la rue ne me saluent même pas. J'ai lu cependant dans le regard de quelques-uns comme un vent de panique. Et si j'avais raison ? La question fait peur, mais la réponse effraie davantage, car quitter l'Œuvre, n'est-ce pas trahir Dieu et l'Église ?

Je suis sorti très déprimé de l'Opus Dei. En ruine. Un chantier d'incertitudes. Mes angoisses, mes doutes trouvaient un écho terrible dans le regard de mes proches. Ma sœur quittera elle aussi l'Œuvre, pour des raisons qui sont les siennes.

Ma sortie fut également un choc pour ma mère, la confrontant à de douloureuses contradictions. D'un côté, elle avait voulu croire jusqu'ici que j'étais un parfait numéraire, épanoui et sûr de sa vocation, malgré l'état d'épuisement dans lequel elle me voyait. Cela l'aidait à accepter l'échec qu'avait vécu ma sœur, mais aussi le sien : elles n'avaient pas pu tenir. Acceptation douloureuse qui permettait d'éviter bien des questions. D'un autre côté, elle percevait également que toutes deux ne pouvaient porter seules la culpabilité de cette rupture et elle avait accumulé une rancœur qui put enfin se faire jour dans nos longues discussions. Nous eûmes enfin l'occasion de partager nos sentiments, nos expériences, ce que nous n'avions jamais fait jusqu'à présent.

En me voyant recommencer à sourire, à rire, à me comporter d'une manière plus naturelle, ma mère eut le sentiment d'avoir retrouvé son fils. Je redevenais petit à petit celui que j'étais avant. Dès ma sortie, j'ai retrouvé un rythme normal. Quelle quiétude de se sentir enfin ordinaire ! Je ne suis plus ce détenteur de la Vérité qui doit impérieusement convertir les autres.

Aujourd'hui, j'essaie de me reconstruire. Marguerite et sa fille Joanna me tiennent la main. Sans leur soutien, je crois que je me serais dilapidé. J'aurais pu céder à des tentations suicidaires ou me serais perdu dans la débauche. L'amour de Marguerite et l'acceptation de Joanna m'ont permis de franchir ces fossés.

Toutes mes certitudes anciennes sont ébranlées. Une retraite de discernement, sur la base des exercices spirituels de saint Ignace, m'a permis de découvrir que l'Église ne se limitait pas à l'Opus Dei, que Dieu n'est pas forcément le juge sévère que l'Œuvre nous présente. Là, en compagnie de retraitants de tous âges, de toutes origines sociales, j'ai vraiment eu l'impression d'être revenu au sein de l'Église.

Il me faut faire la difficile part des choses entre Dieu et l'Opus Dei, entre l'Église et l'Opus Dei, entre le Dieu de l'Évangile et le Dieu de l'Opus Dei. Et cette part est particulièrement difficile à faire car elle est génératrice d'une tension que j'ai trop connue. J'éprouve aujourd'hui une forme d'allergie à toute direction spirituelle qui me rappelle les interrogatoires de l'Opus Dei. Bloquer certains automatismes psychiques et spirituels reste encore un effort. Cela prendra du temps.

Je souhaite ardemment, par cet ouvrage, prévenir les parents qui envoient leurs enfants aux activités de l'Opus Dei du danger qui les menace, et je demande aux autorités de l'Église d'intervenir pour empêcher les abus qui s'y commettent. Il est grand temps que les responsables ecclésiaux réagissent. La hiérarchie de l'Église est connue pour sa passivité et son goût du secret. Sa réaction aux abus sexuels de certains prêtres a été si tardive… S'intéressera-t-elle aux excès commis par une institution qui suscite des vocations et apporte de l'argent à l'Église ? La plupart des évêques savent parfaitement que les pratiques de l'Opus Dei ont des relents sectaires.

Jusqu'à présent, l'Œuvre a parfaitement contrôlé la circulation interne de l'information par la surveillance systématique des correspondances, des lectures, de l'accès à la télévision. Mais Internet a changé la donne. Dans les centres, les ordinateurs sont placés dans des salles communes aux vitres transparentes, et bien que des filtres aient été installés, il est évident que la prélature perd un peu de la mainmise sur la pensée de ses petites brebis. Désormais, les anciens membres peuvent faire part de leur expérience aux quatre coins du monde.

Avant la parution de ce livre, l'Opus Dei n'avait aucune raison de me discréditer, il lui suffisait, comme elle le fit, de m'ignorer. Vais-je subir un traitement différent ? Peu importe. C'est pour moi une forme de mission de dire ce que nous sommes nombreux à avoir vécu.

J'avais le sentiment d'être libre au sein de l'Opus Dei : j'y étais parce que je le voulais, j'obéissais parce que je le voulais... Et pourtant, j'accède aujourd'hui, peu à peu, à une vraie, à une profonde liberté intérieure. Ma conscience est en paix. Je sais que ma confiance a été abusée, mon désir de Dieu utilisé à des fins malhonnêtes. Dieu n'est pour rien dans tout cela.

Entouré de Marguerite et Joanna, de ma famille et de mes amis librement rencontrés et choisis, j'avance sur un chemin désormais grand ouvert. Et j'en rends grâce chaque jour.

Deuxième Partie

LA DOCTRINE SECRÈTE DE L'OPUS DEI

5

L'obsession du secret

Le goût du secret est inhérent à l'esprit du fondateur de l'Opus Dei. Il imprègne toute la tactique imaginée par saint Josémaria pour rechristianiser la société. On en retrouve donc la présence dès le premier règlement[1], que voici :

Madrid, le 14 février 1941

RÈGLEMENT

Ce qu'est l'Opus Dei : ses buts et ses moyens
Art. 1

1. L'Opus Dei est une association catholique d'hommes et de femmes qui, vivant au milieu du monde, cherchent leur propre perfection chrétienne à travers la sanctification du travail quotidien. Persuadés que l'homme a été créé « pour travailler » (Gn 2,15), les membres de l'Opus Dei, même s'ils jouissent d'une puissante condition économique et sociale, sont obligés de ne pas abandonner leur travail professionnel (ou l'équivalent).

1. Jesús Ynfante, *Opus Dei*, Editorial Grijalbo-Mandadori, 1996.

2. Les moyens que doivent employer les membres afin de parvenir aux objectifs surnaturels proposés sont les suivants : mener une vie intérieure de prière et de sacrifice en accord avec le régime et l'esprit approuvés par la Sainte Église et exercer leurs charges professionnelles et sociales avec la plus grande rectitude.

Catégories de membres

Art. 2

1. Dans l'Opus Dei il y a trois catégories de membres : les membres inscrits, les surnuméraires et les numéraires.

2. Les membres inscrits s'obligent à l'examen de conscience et à une demi-heure d'oraison par jour.

3. Les surnuméraires s'obligent à une heure entière d'oraison par jour.

4. Les numéraires, en plus de l'heure entière d'oraison, exercent les charges de direction de l'Opus Dei.

Art. 3

1. Sous aucune exception ne seront admis comme membre de l'Opus Dei ni les prêtres séculiers, ni les religieux, ni les religieuses.

2. Pareillement, d'aucune manière et sous aucune excuse ne seront admis ceux qui auraient été inscrits dans un séminaire, une école apostolique, ou ceux qui seraient passés par des ordres religieux, même si cela n'aurait été qu'en tant que novice ou postulant.

3. Cela dit, les membres de l'Opus Dei qui feront des études ecclésiastiques et seront ordonnés prêtres ne cesseront pas d'être membres de l'Œuvre.

Organes directeurs

[Suivent 5 articles qui parlent d'une assemblée qui se réunit une fois tous les neuf ans afin de choisir démocratiquement les cinq membres d'un Conseil. Ce Conseil se réunit tous les trois mois et s'occupe des questions financières et des messes célébrées à l'intention des membres défunts.]

Suffrages et enterrements

Art. 9

1. Les membres de l'Opus Dei auront soin de faire un testament formel. Ils doivent disposer d'une sépulture modeste, sans aucune vanité.

2. Le président fera en sorte que soient célébrées les messes grégoriennes coutumières immédiatement après la prise de connaissance du décès d'un membre. Il fera part du décès aux autres membres. Ceux-ci offriront les suffrages qu'ils jugent opportuns.

Revenus et dépenses

Art. 10

1. Les revenus économiques de l'Opus Dei viennent des dons faits par les membres.

2. Le Conseil ne soustraira aucune somme de ce capital.

3. Si les dépenses annuelles se révélaient inférieures aux revenus, le bénéfice sera offert en don à l'Ordinaire du diocèse où se trouve le siège social de l'Opus Dei.

4. L'Opus Dei ne peut recevoir de legs et ne peut sous aucun prétexte posséder de pieuses fondations ni de biens immobiliers.

Domicile
Art. 11
L'Opus Dei a un seul domicile national.

Humilité collective
Art. 12
1. La principale caractéristique définitive de l'Opus Dei est l'humilité collective de ses membres.
2. Pour que cette humilité ne souffre d'aucun dommage :
1. Il est interdit de publier tout écrit ou livre comme imputable à l'Opus Dei.
2. Il est interdit aux membres de porter un signe distinctif quelconque.
3. Il est conseillé aux membres de ne pas parler de l'Opus Dei avec les non-membres, puisque l'Œuvre, toute surnaturelle qu'elle est, doit rester silencieuse et discrète.

Dissolution
Art. 13
Si l'Opus Dei disparaissait, les biens qui lui resteraient seraient remis entre les mains de l'évêque du diocèse où l'Opus Dei aura son siège.

« J'ai expliqué tant de fois que ce premier règlement – cette double feuille, comme j'aime à l'appeler – est le foyer qui illumine tout notre chemin et qui, avec le passage du temps, jettera la lumière servant à codifier le style de vie que m'a fait voir le Seigneur en 1928[1]. »

1. Cf. *El itinerario jurídico del Opus Dei* de A. de Fuenmayor, V. Gomez-Iglesias et J.L. Illanes, Pampelune, Eunsa, 1989.

En 1943, au moment où saint Josémaria prononçait ces mots, ce règlement était tenu secret. Son fondement théologique (art.1-1) repose sur une interprétation erronée du livre de la Genèse (2, 15), *ut operaretur*, anciennement traduit comme « l'homme a été créé pour qu'il travaille ». On verra les conséquences de cette interprétation sur la vie quotidienne des membres. L'objectif proposé, chercher sa propre perfection et son salut, reste très individualiste et les moyens pour l'atteindre, bien flous. En revanche, la volonté de secret, appelée ici « discrétion », est exigée. Afin de garantir l'« humilité collective », l'information restera soigneusement fragmentée.

Dans chaque centre de l'Opus Dei, il existe deux armoires fermées à clef. La première est proche de l'oratoire. Elle contient les textes mis à la disposition de membres de l'Œuvre, mais cachés au monde extérieur. On y trouve diverses publications, des lettres du prélat, quelques livres de saint Josémaria qui ne sont pas disponibles en dehors de l'Œuvre, etc. Il est strictement interdit d'emporter ces livres à la maison ou d'en faire des photocopies. Étrangement, l'accès à cette documentation n'est pas particulièrement protégé : il suffit de prendre la clef posée au-dessus de l'armoire. La seconde armoire, en revanche, est toujours placée dans la chambre du directeur. Seuls les membres du conseil local en ont la clef, à savoir le directeur, le sous-directeur, le secrétaire et l'aumônier. Elle contient non seulement les règlements internes cachés aux membres de base, mais aussi certains textes, comme le *Catéchisme de l'Opus Dei* ou les lettres du fondateur destinées qui ne sont mises à leur disposition qu'à certaines occasions particulières. Il existe une troisième armoire, toujours fermée à clef, dans le centre de la commission régionale de chaque pays. Celle-là contient encore d'autres règlements inconnus des directeurs des centres, ainsi que les *Instructions* qui auraient été rédigées par le fondateur, dans les années 1930. Il y en a probablement d'autres à Rome, au siège central de l'Opus Dei, contenant des règlements ignorés des directeurs régionaux. À cela il faut ajouter les archives secrètes de la prélature, composées de nombreux textes rédigés ou enregistrés par le fondateur. Près de trente-cinq ans après sa mort et sept ans après sa canonisation, ces archives n'ont toujours pas été mises à la disposition du public.

Lorsqu'un journaliste vient visiter un centre, on fait semblant d'être ouvert, de tout lui montrer. Il visite la maison, l'oratoire, la bibliothèque spirituelle du centre, celle où se trouve la Bible et le *Catéchisme de l'Église catholique*, quelques écrits d'Escriva, de sainte Thérèse, ou de Jean-Paul II. On ne lui montre pas, bien sûr, l'armoire de la chambre d'à côté, celle qui contient la doctrine enseignée aux membres, surveillée comme un trésor :

> Les instructions et les lettres de notre fondateur et de ses successeurs, les vade-mecum[1] et les expériences, etc., doivent rester au siège du centre

1. Voir lexique en annexe.

auquel ils ont été assignés. On les garde sous clef dans le bureau du directeur et on ne les sort jamais du siège du centre. Si dans un centre il y a une pièce réservée au conseil local, on peut y garder ces documents seulement si cette chambre communique avec le bureau du directeur. Bien entendu, la clef de l'armoire de ces documents n'est accessible qu'aux membres du conseil local et doit être rangée dans le bureau du directeur. Pour éviter toute perte d'un document, il faut observer un maximum de prudence : par exemple, les armoires ne doivent jamais rester ouvertes, et un document ne peut rester sur la table s'il n'est pas utilisé. Quand on a terminé de le consulter ou de l'étudier, on doit le remettre immédiatement à sa place.

Dans des cas exceptionnels (un déménagement, par exemple), on transfère ces documents avec la plus grande prudence : dans une mallette exclusivement destinée à cette fin, que le directeur doit toujours garder sur lui. En voyage, ne jamais mettre les documents dans des valises (qui pourraient s'égarer). Dans les gares ou les aéroports, ne jamais les laisser dans des consignes ou autres lieux semblables. Si l'on voyage en voiture, ne jamais les laisser à l'intérieur d'une voiture vide, même fermée à clef.

S'il arrivait qu'un document se perde, il faudrait immédiatement le communiquer à la commission régionale en donnant les détails nécessaires[1].

Non, il ne s'agit pas d'une consigne donnée aux services secrets chargés de protéger un secret

1. *Vade-mecum du gouvernement local,* 19 mars 2002, p. 25.

d'État, mais bien des recommandations de la prélature pour veiller sur les écrits de saint Josémaria, lesquels, depuis sa canonisation, rappelons-le, appartiennent à l'Église universelle !

On n'éclaire pas davantage les nouvelles recrues sur ce qu'est réellement la vie d'un membre de l'Opus Dei, sur ce qu'implique son engagement. Quand j'interrogeais le directeur à ce sujet, il répondait que je n'avais pas besoin de le savoir. En réalité, au travers du flou de sa réponse, il me transmettait la doctrine officielle de la prélature :

> Pour que l'incorporation [à l'Opus Dei] soit valide, l'intention d'assumer les obligations correspondantes suffit, même s'il n'y a pas de conscience actuelle au moment de l'incorporation[1].

Autrement dit, l'Opus Dei ne s'estime pas tenue, pour valider le contrat d'admission, d'informer les futurs membres de leurs obligations. Celles-ci leur seront dévoilées progressivement, lors de la phase initiale de formation qui dure trois ans et demi. Chaque nouvelle obligation n'étant révélée qu'une fois la précédente assimilée, il est très difficile pour les nouveaux membres d'avoir une vision globale de ce à quoi ils s'engagent. Ce n'est qu'au bout de cette longue

1. *Catéchisme de la prélature de la Sainte-Croix et Opus Dei* (édition de 2003), n° 67.

période de formation initiale qu'ils le percevront, si toutefois ils ont encore le recul nécessaire à cette analyse.

Dans le même esprit, les enseignements ne sont pas mis à leur disposition. Les participants aux cours de formation n'ont pas accès aux écrits de ce qu'on leur enseigne, et n'ont pas le droit de prendre note du contenu des causeries.

> Pendant les causeries de formation et les réunions où l'on utilise ces documents, on ne peut prendre aucune note. On ne peut non plus les enregistrer. On ne peut copier aucune citation du programme de formation initiale. On ne peut ni prendre de note ni copier des points du catéchisme de l'Œuvre[1].

> Dans les cours annuels, les rencontres et les retraites de numéraires et d'agrégés, on peut autoriser la lecture des documents internes, mais chaque soir le directeur devra vérifier que tous les exemplaires sont revenus. Cela évitera ainsi toute perte[2].

Cette stratégie semble avoir pour but d'empêcher toute critique envers les enseignements de l'Opus Dei. Les participants n'ayant pas accès aux sources, il leur est impossible de souligner ce qui leur paraît discutable, encore moins de s'y référer :

---

1. *Vade-mecum du gouvernement local,* 19 mars 2002, p. 137.
2. *Vade-mecum des conseils locaux,* 19 mars 1987, p. 146.

si l'un d'eux fait part de ses doutes aux directeurs, il reçoit invariablement cette réponse : « Tu as mal compris, il ne s'agissait pas de cela, celui qui dirigeait la causerie s'est mal exprimé », etc.

Les photos elles-mêmes sont sous contrôle :

> Les photos de différents séjours, réunions et excursions se conservent dans une archive fermée à clef et sous la garde du conseil local[1].
>
> S'il semble opportun de prendre une photo dans un centre lors de la visite d'un hôte, il n'y a pas d'inconvénient à ce que vous ayez ce geste de délicatesse à condition que ce soit vous – mes enfants – qui preniez cette photo. Vous en enverrez un ou plusieurs tirages aux intéressés, mais jamais leurs négatifs[2].

Pourquoi tant de précautions ? Quel secret capital convient-il de préserver ? Ou bien ne s'agit-il ici que d'instiller une nouvelle suspicion à l'encontre du visiteur, susceptible d'utiliser les négatifs ou de déposséder l'Opus Dei d'une image d'elle-même ? Prendre une photo est un geste spontané et, comme tel, il doit être bridé, tout contact avec l'extérieur étant strictement sous contrôle.

1. *Vade-mecum du gouvernement local*, 19 mars 2002, p. 184.

2. Saint Josémaria, *Instruction pour les directeurs*, 31 mai 1936 (publiée et probablement rédigée en 1967), n° 100.

6

De la disponibilité à l'isolement

L'Opus Dei considère que sensibiliser le monde à « l'appel universel à la sainteté » exige une véritable stratégie. Il s'agit de convertir en premier lieu les milieux intellectuels et des affaires, pour atteindre ensuite le plus grand nombre. L'organigramme de l'Opus Dei peut se comparer à une véritable structure militaire. Chaque membre reçoit de ses supérieurs des tâches précises à accomplir. La mission d'évangélisation est entièrement orchestrée depuis le siège de l'organisation à Rome, où réside la plus haute autorité : le prélat.

Celui-ci exige de ses membres une disponibilité proportionnelle à leur engagement : les surnuméraires ont généralement charge de famille et ne peuvent consacrer que peu de temps à cette mission d'évangélisation. Les agrégés en ont davantage, mais ils n'habitent pas dans les centres. Restent les numéraires qui sont appelés à s'investir totalement. C'est pourquoi l'Opus Dei se définit elle-même comme « famille et milice ». Milice, parce que, organisée comme telle, elle exige une obéissance hiérarchique inconditionnelle. Famille, parce qu'elle prétend combler les besoins affectifs de ses membres. En réalité l'entière disponibilité exigée isole les numéraires de leur famille, des autres membres au sein de l'organisation mais aussi de l'Église.

Cooper[1]
(Espagne, 12 août 2006)

J'ai quinze ans. Je travaille bien à l'école mais j'ai du mal à me faire des copains parce que je suis l'un des plus jeunes de ma classe. Mes camarades me considèrent comme un gamin. En dernière année de collège, ma vie bascule totalement. Je me fais de nouveaux amis, des garçons qui me parlent et m'invitent à prendre part à des activités sympas. Ils vont étudier dans une résidence universitaire, organisent des excursions et s'intéressent particulièrement à des choses qui s'appellent « cercles », un truc comme ça. L'ambiance y est super et surtout, là-bas, je me sens à l'aise et apprécié. Des étudiants m'écoutent, me parlent. Je peux même parler avec le directeur de la résidence, qui d'ailleurs est très sympa. Au bout de quelques mois je me sens comme un poisson dans l'eau et j'ai même

1. Les prénoms des personnes ayant accepté de livrer leur témoignage ont été modifiés afin de préserver leur vie privée. (N.D.É.) La plupart des témoignages ont été publiés sur le site Internet www.opuslibros.org.

de meilleures notes encore à l'école. En fait, je suis vraiment très heureux. Je vais au centre chaque fois que je peux. J'ai même appris à faire quelques minutes de prière, tous les après-midi, à l'oratoire.

Bientôt, on commence à me parler de vocation, à moi, un type de quinze ans et demi. Et ils le font d'une manière tellement sympa, mes nouveaux amis : le prêtre avec qui je parle parfois, un étudiant tellement chouette qui joue de la guitare et me fait le cercle, et même un jour, le directeur !

Ma vocation, je ne la vois pas très bien. Je prie, comme ils me le disent, mais rien. Par contre, je sens bien que les autres voient des choses pour moi. Bien sûr, je ne vais pas rester à la traîne par manque de générosité ! Alors, un jour, à force de m'entendre répéter que la vocation n'est qu'une question de générosité, je vais voir le directeur et lui dis : « Écoute, j'ai peut-être la vocation de numéraire. Je ne la vois pas très bien, mais si un jour je ne la vois plus du tout, je pourrai m'en aller ? » Le directeur me répond avec un large sourire : « Il ne manquerait plus que ça ! Notre Père (Josémaria Escriva) dit qu'il est difficile d'entrer dans l'Opus Dei, mais que pour en sortir, les portes sont grandes ouvertes. Mais ne t'en fais pas, tu ne t'es pas trompé ! »

C'est ainsi que je suis entré à l'Œuvre, à quinze ans et demi, sans savoir où j'allais. On ne me donna aucun détail, on ne me donna rien à lire, je ne savais même pas ce qu'était un numéraire, je voulais seulement devenir saint au milieu du monde, sanctifier mon travail de tous les jours, transcender les petites choses et c'est tout. On m'avait dit que c'était ça, être numéraire de l'Opus Dei.

C'est pour cela qu'aujourd'hui je sais si bien comment on peut abuser les enfants. Je n'étais alors qu'un gosse. Un gosse qui jouait à un jeu avec des gens qui savaient ce qu'ils faisaient alors que moi, je n'étais qu'un pigeon.

Séparation d'avec la famille

Lorsqu'un candidat est admis à l'Opus Dei (il s'agit fréquemment de garçons et de filles d'une quinzaine d'années), il est amené progressivement à dépendre de plus en plus de l'organisation (« de Dieu », disent-ils) et de moins en moins de ses parents. Si des parents s'opposent à la vocation de l'un de leurs enfants, on explique au jeune adepte qu'ils sont aveuglés par un amour filial de mauvais aloi ou qu'ils sont l'instrument du diable pour le détourner de son désir de se consacrer à Dieu. Par la suite, dès qu'un numéraire vient vivre dans un centre, on s'empresse de réduire ses contacts avec sa famille au strict minimum. Ainsi, par exemple, un numéraire retournant dans la ville où résident ses parents ne dormira pas chez eux lorsqu'il leur rendra visite, mais dans le centre de l'Opus Dei le plus proche, quelle que soit la frustration que cette mesure suscite pour sa famille ou le membre lui-même. Les numéraires ne prévoient jamais eux-mêmes le temps qu'ils consacreront à leur famille, ce sont les directeurs qui en décident.

> D'habitude les numéraires ne participent pas aux différents événements familiaux – mariage d'un frère ou d'une sœur, première messe d'un frère, etc. – c'est une perte inutile de temps et d'argent. [...]
>
> Quand le conseil local a pris la décision qui convient, l'intéressé la communique à sa famille sans en attribuer la responsabilité aux directeurs (ce n'est pas leur responsabilité)[1].

L'Opus Dei oblige donc les numéraires à se creuser la cervelle : comment justifier vis-à-vis des tiers qu'ils restent responsables de leurs décisions alors qu'ils ne font qu'obéir ? Il faut constamment composer. Ainsi, les femmes n'ont pas le droit d'assister aux mariages de leurs amies, ou de prendre un enfant dans leurs bras, l'idée étant de préserver leur célibat. Les hommes, quant à eux, peuvent assister à la cérémonie, mais ils ne pourront pas danser lors de la réception, etc. Comme dans tout système totalitaire, les membres sont invités en permanence à dénouer des nœuds qu'ils n'ont pas créés. Ici, la composante affective se double d'un douloureux cas de conscience.

---

1. *Expériences du travail apostolique*, 6 octobre 2003, pp. 82-83.

Coincés entre leur devoir d'obéissance, « Celui qui obéit ne se trompe jamais, la volonté de Dieu arrive à travers la volonté des directeurs, etc. », et leurs obligations familiales et amicales qu'ils ne peuvent librement assumer, les numéraires vivent d'autant plus mal les mensonges qu'ils sont tenus de proférer pour se justifier.

Je devais pour ma part expliquer aux membres de ma famille que je n'avais pas le temps de leur rendre visite, ce qui était faux, ou que je n'avais pas d'argent, ce qui n'était pas vrai non plus, puisque mes parents me remboursaient les frais du voyage... Si, pour une raison relevant quasiment de la force majeure, les directeurs ne peuvent interdire à un numéraire de se rendre dans sa famille, ils le soumettent alors à un contrôle totalitaire.

> Si, après y avoir réfléchi sérieusement, on estime qu'il est indispensable de réaliser un voyage pour certaines nécessités familiales, on doit établir un plan de voyage concret – en tâchant de limiter le temps passé sur place au strict minimum – et l'on informe la commission régionale du lieu de destination, du motif, de la durée du séjour et de tout autre détail indispensable à savoir. De toute façon, il serait déplacé – surtout quand il s'agit de se rendre à l'étranger – que le but du voyage soit uniquement de rendre visite à sa famille[1].

1. *Ibid.*, p. 84.

Antonieta
(Venezuela, 28 avril 2004)

En entrant à l'Œuvre, j'ai détruit ma famille. Le jour où je suis partie vivre dans un centre, ma mère pleurait tellement qu'elle ne pouvait sortir de son lit. Je n'avais jamais vu mon père aussi triste. Il m'a serrée contre lui : « Si un jour tu veux revenir, je serai toujours là pour toi et tu seras toujours ici chez toi. » Mes sœurs pensaient que j'avais perdu la tête.

Chaque fois qu'un événement important survenait dans ma famille, mille excuses m'interdisaient d'y assister. Aujourd'hui, je le vois clairement... Ma famille était totalement opposée à ma vocation, il était dangereux que je sois confrontée à leurs contradictions. L'Œuvre avançait toujours les mêmes raisons : « Une femme mariée et avec des enfants n'a plus de temps pour ses parents. » Je ne comprenais pas ces arguments, car du temps j'en avais, en tout cas sûrement pour ma famille ! Et mes sœurs qui, elles, étaient vraiment mariées, avaient toujours le temps de voir mes parents. Moi, je ne les voyais jamais.

Une de mes sœurs allait épouser un homme divorcé. Scandale pour l'Opus Dei ! Quand je voulus assister à son mariage, ce fut une véritable tragédie. Je me suis tuée à tenter de convaincre mes directrices que ma présence était indispensable. Je leur disais que plus je m'éloignerais de ma famille, plus celle-ci s'opposerait à l'Opus Dei et plus elle serait convaincue que l'Œuvre ne fait qu'éloigner et séparer les enfants de leurs parents.

Mais elles s'obstinaient à me dire que je devais avant tout protéger ma vocation, fragile comme une petite flamme vacillante, et que, lorsque je serais plus forte, je pourrais voir et affronter ma famille. Pendant des années, j'en ai tellement souffert.

— Pourquoi tant de sacrifices, de privations, quand on vit « au milieu du monde » ?

— Ce sont les exigences de la vocation.

Quelle vocation ?

Je résidais au centre de Maracaibo, la ville la plus éloignée de Caracas où vivait ma famille. Je me souviens qu'en septembre 1986, j'étais de passage à Caracas. Évidemment, je devais loger dans le centre le plus éloigné du centre-ville où vivaient les miens. Mon père prenait de l'âge, il n'était pas en très bonne santé. C'était son anniversaire et je m'étais organisée pour passer au moins un moment avec ma famille. Les directrices m'en ont empêchée !

Deux mois plus tard, j'apprenais que mon père allait être opéré d'un grave ulcère. Il fumait énormément. Mon beau-frère, médecin, nous avait prévenus : l'opération était aussi risquée que nécessaire. Évidemment, je tenais absolument à être là. Comme d'habitude, il n'en était pas question. Je réussis à inventer un prétexte professionnel pour me rendre à Caracas. Mon père entra un jeudi à la clinique, on l'opéra le vendredi, il mourut le samedi matin. Grâce à Dieu, j'ai pu vivre avec lui chacun de ses derniers instants. Aujourd'hui, mon plus grand chagrin est de ne pas avoir été là pour son dernier anniversaire, ce qui m'avait été formellement refusé, sans raison aucune.

En août 2004, dix ans se seront écoulés depuis ma sortie de l'Opus Dei. Ceci est mon premier témoignage, j'espère qu'il pourra être utile à quelqu'un.

Les numéraires ne peuvent pas non plus avoir de photos de leur famille dans leur chambre.

> Quand on a une chambre individuelle, les photos ou les souvenirs de ses parents, frères et sœurs, etc., ne doivent pas être visibles. Celui qui le désire peut garder ces photos et les ranger dans ses affaires[1].

Quivi
(Espagne, 12 octobre 2005)

Je vivais dans un centre. Un jour, j'ai pensé au quatrième commandement « tu aimeras ton père et ta mère », pourquoi alors ne sortirais-je pas quelques photos de ma famille ? J'en plaçai quelques-unes sur la table de ma chambre, dans de très jolis cadres que m'avaient offerts mes parents.

Le directeur s'empressa de me rappeler que l'on ne doit pas avoir de photos personnelles dans sa chambre. J'accusai le coup, mais ne cédai pas, laissant mes photos sur la table. Qui cela dérangeait-il ?

1. *Vade-mecum du gouvernement local*, 19 mars 2002, p. 184.

Personne n'entrait dans cette chambre, à part les numéraires auxiliaires qui venaient faire le ménage parce que j'étais dans une zone, paraît-il, « interdite », même si je n'ai jamais vraiment compris pourquoi.

Le directeur revint plusieurs fois à la charge puis finit par me convoquer dans son bureau. Il me somma de retirer ces photos. Devant une telle pression, je finis par céder mais gardai sur ma table cinq ou six cadres vides. Ils restèrent là longtemps, jusqu'à ce que je quitte cette chambre. Ce vide douloureux est resté gravé en moi comme le symbole de tant d'années de ma vie arrachées à ma famille.

L'Opus Dei accaparant la totalité du temps, de l'argent et de l'énergie de ses membres, en particulier des numéraires, les familles réclamant du temps pour elles-mêmes ne peuvent qu'être un obstacle à l'accomplissement de la mission. Elles constituent en outre, pour les membres célibataires, un asile dans lequel ils pourraient se reposer des règles très strictes qui leur sont imposées dans les centres.

C'est pourquoi la doctrine interne est implacable : dès que l'appel à la vocation reçoit un début de réponse, on explique aux entrants, notamment aux adolescents, qu'ils n'ont pas besoin de demander la permission de leurs parents, ni même de les informer, la question de l'admission à l'Opus Dei relevant de leur vie intérieure et leur appartenant en propre. Ensuite, on leur dit que l'Opus Dei étant leur nouvelle famille, ils ne peuvent la délaisser au profit de l'ancienne. Les directeurs justifient cette exigence en citant l'Évangile : « Laisse les morts enterrer les morts, et toi, suis-moi. »

Lux
(Uruguay, 4 octobre 2003)

Je me suis souvent demandé comment réparer le mal que j'avais fait à ma famille à l'époque où j'appartenais à l'Œuvre.

Comme beaucoup l'ont déjà raconté, lorsque j'ai demandé l'admission, on m'a dit que je n'étais pas tenue d'en parler à mes parents, sous prétexte qu'ils ne comprendraient pas. En vérité, ils ne savaient même pas ce qu'était l'Opus Dei. Au début, mes parents remarquèrent quelques changements dans mes comportements qui ne provoquèrent pas de conflits. Les problèmes commencèrent pendant les vacances au cours desquelles je devais effectuer mon cours annuel, comme toutes les numéraires.

Jusqu'alors, je passais les vacances dans notre résidence secondaire, où nous retrouvions un grand groupe d'amis. Ensemble, nous participions aux activités organisées par le curé qui s'occupait des jeunes en vacances : messes, championnats de jeu de cartes (Truco) et discothèque. Il y avait aussi des réunions de prière et de réflexion. C'était une bonne manière pour les touristes de consacrer une part de leur temps libre au service des autres. Le curé s'efforçait de nous former en nous montrant que l'on pouvait s'amuser d'une manière saine, solidaire et chrétienne.

La première difficulté fut d'annoncer à mes parents que je ne voulais pas partir avec eux. J'étais mineure, ils ne me laissèrent pas le choix : je devais être présente parce que c'était le seul moment où nous étions tous réunis. J'ai transmis la nouvelle à ma directrice, qui me suggéra de demander à mes parents la permission d'aller à un « cours international de formation » auquel assistaient des filles de différents pays. La réponse fut négative : je suis partie en vacances avec mes parents, mes frères et mes sœurs.

La directrice m'avait expressément recommandé de ne participer en aucun cas, en dehors de la messe, aux activités de la paroisse. Évidemment, mes amis ne comprenaient pas mon changement d'attitude, mais je ne pouvais leur en expliquer la raison. Les premiers jours furent très difficiles, si bien que je finis par dire la vérité à mes parents. Comme ils ne connaissaient rien de l'Opus Dei, ils ne savaient pas ce que signifiait « être numéraire ». Mon comportement les déroutait. Peut-être exagérais-je, mais je m'efforçais d'appliquer à la lettre les indications des directrices. Je voulais suivre ce qu'elles appelaient « le bon esprit » et « ne pas balancer ma vocation par la fenêtre », puisque cette vocation « était comme une flamme fragile que chaque courant d'air pouvait éteindre ». Elles utilisaient mille exemples concrets pour nous graver ces idées dans la tête.

Cet été-là, une numéraire que je connaissais passait dans la région pour garder le contact avec les filles du centre. Elle vint me chercher à la maison, mais mes parents refusèrent de lui ouvrir la porte. Elle me fit donc parvenir un message m'indiquant la manière de la rejoindre. En arrivant, j'étais étonnée de la trouver déguisée avec un foulard sur la tête, des lunettes noires et des habits qui n'étaient pas les siens. Elle m'expliqua qu'elle ne voulait pas que mes parents la reconnaissent. Je ne comprenais pas son comportement qui, sur le moment, m'amusa. Mes vacances tournèrent à la torture mais, croyant réaliser la volonté de Dieu, je me vivais comme une héroïne.

L'année suivante, les choses furent plus simples. Il me fut permis d'accompagner mes parents pour passer trois jours avec eux, mais je devais rentrer ensuite, toute seule. Lorsque j'annonçai mon départ, mes parents ne voulurent pas le croire. Je fis mon sac et partis à la station de bus. Ma mère me suivit, tentant de me raisonner, en vain. Je vois encore son visage en pleurs à travers la vitre du bus qui s'en allait.

Au centre, mon exploit fut célébré en grande pompe. Lorsque j'exposai mes difficultés, on m'assura que je n'étais pas la première numéraire, ni la dernière, à vivre ce genre de choses. Intérieurement, j'étais très triste, j'avais conscience d'avoir blessé gravement mes parents, même si c'était « au nom de Dieu et de la religion », comme le disaient mes directrices. Pratiquante, ma famille finit pourtant par s'éloigner de Dieu quelque temps. Elle ne comprenait pas qu'en son nom je délaisse tant de choses si essentielles. Pour les rassurer, je devais leur dire des demi-vérités. En revanche, il me fallait être « sauvagement sincère » avec les directrices.

Quand ma mère fut opérée d'un cancer, les directrices me permirent exceptionnellement de l'accompagner – une nuit seulement – au sanatorium où elle était hospitalisée. Ma sœur dut s'occuper d'elle tout le reste du temps, je ne pouvais quitter le centre que pour les « visites médicales ». J'aurais tellement voulu être à ses côtés et accompagner mon père dans cette épreuve, mais les directrices ne m'y autorisèrent pas. Je prétendais « agir librement », mais je savais qu'en réalité je ne m'en sentais pas la possibilité. Désobéir à une indication formelle était faire preuve de très « mauvais esprit ». Grâce à Dieu, ma mère s'en sortit.

Je pourrais écrire encore des pages et des pages. Je crois qu'à l'Œuvre, nous sommes tous passés par là.

Le jour le plus heureux dans la vie de mes parents fut celui où je quittai l'Œuvre. Ils étaient en voyage et, à leur retour, ils me retrouvèrent à la maison, après onze ans d'absence. Longtemps, nous n'avons pas parlé de leur souffrance. Ce n'est que récemment qu'ils m'ont expliqué les angoisses que ma vie opusienne avait suscitées. Dans mon cas, la prophétie des directrices n'a pas marché : « Ne t'en fais pas, ils comprendront un jour et seront heureux de ta vocation. »

Depuis ma sortie, je m'efforce de compenser toutes ces années, bien que je ne puisse pas revenir en arrière. Je sais que Dieu, qui est un vrai

Père, aidera à guérir les blessures provoquées par l'Œuvre.

Marypt
(Portugal, mars 2005)

Voici quelques exemples vécus, illustrant la pression que subit une jeune numéraire comme moi.

Après l'école, elle se rend au centre et appelle ses parents pour les prévenir qu'elle y restera dîner. De retour à la maison, son père est furieux et vient au centre la chercher en voiture : « Ce ne sont pas des heures pour utiliser les transports publics. » La fille promet que cela n'arrivera plus.

Le jour suivant, elle reste chez elle et, répondant à la demande de la directrice, elle téléphone à toutes ses amies pour les inviter à la méditation du prochain samedi. Elle monopolise alors le téléphone et cache à sa famille qu'elle essaie de recruter ses amies pour le compte de l'Œuvre.

Quand elle libère enfin le téléphone, la directrice l'appelle pour lui dire que le lendemain c'est l'anniversaire d'un événement important dans l'histoire de l'Œuvre, qu'elle doit absolument venir à la méditation du matin.

Pour obéir à cet ordre, la numéraire doit se lever deux heures plus tôt et sortir de sa maison en cachette, aller au centre, assister à la méditation et à la messe, puis courir à l'école.

Au même moment, ses parents se demandent à quelle heure elle est sortie, ils s'inquiètent de son manque de sommeil et de tous ces excès qu'ils observent.

Et cela continue un mois, deux mois, douze mois, jusqu'à ce que finalement la fille emménage dans un centre.

Maintenant, notre numéraire est « de l'autre côté ». Lorsque sa mère l'invite à venir déjeuner en famille le dimanche, elle obtient toujours la même réponse : « Il faut que je voie » qui veut dire en fait : il faut que je consulte la directrice. Comprendre : il faut que je demande l'autorisation.

Finalement, la numéraire prévient le samedi soir que, malheureusement, elle ne pourra pas venir. Les parents ne se découragent pas et appellent le dimanche matin la directrice, qui accepte de « discuter ». S'ensuit un dialogue serré à l'issue duquel la directrice autorise la jeune fille à déjeuner chez elle. Au cours de ce déjeuner, la numéraire profite de l'occasion pour demander à ses parents de l'argent pour le cours annuel – qui coûte le prix de trois semaines d'hôtel. Les parents refusent, rappelant qu'elle a quitté la maison contre leur volonté. Elle pleure. Les plus jeunes enfants sont désolés que leur sœur « fasse de la peine à maman » et « ne veuille plus habiter à la maison ».

La scène se répète toutes les semaines, tous les mois, jusqu'à l'indépendance financière de la numéraire.

À la fin de ses études, les directrices décident d'envoyer la numéraire dans une autre ville. La numéraire avertit ses parents, qui lui demandent de quoi elle vivra là-bas. Elle donnera des cours dans un collège. Les parents sont perplexes, leur fille leur ayant toujours dit qu'elle ne voulait pas enseigner, mais elle affirme avoir changé d'idée. En réalité, les directrices lui ont demandé de le faire pour multiplier des contacts avec des jeunes qu'elle pourra inviter au centre. Mais elle ne laissera jamais croire que la décision ne relève pas de sa propre volonté.

Maintenant qu'elle vit loin de sa famille, il devient vraiment difficile de la faire venir à la maison. Elle est toujours extrêmement occupée et passe ses vacances dans une maison de retraite de l'Œuvre.

Heureusement, quand elle voyage d'un endroit à l'autre, elle a l'occasion de rendre visite à ses parents pendant quelques heures. Avec un peu de chance, ils la verront une fois par an. Entretemps, elle leur écrira de temps en temps, ne parlera au téléphone que si ses parents appellent, « parce que l'Œuvre est une famille nombreuse et pauvre » et qu'on n'utilise pas le téléphone... les coûts de communication ayant baissé, il se peut que cette règle soit un peu moins rigide, mais elle continue d'être en vigueur.

Les parents finissent par s'habituer. Presque chaque fois qu'ils téléphonent, on leur répond que leur fille « est en réunion ». Deux heures plus tard, on leur dit « qu'elle est en train de dîner et qu'on ne peut l'interrompre ». Alors le père s'énerve, exige de parler à la directrice et lui rappelle son droit de parler à sa fille quand il en a envie ! Voyant « l'opposition des parents envers l'Œuvre », la directrice cède un peu et autorise la numéraire à prendre l'appel pendant la réunion, tolérant même qu'elle arrive un peu en retard à l'examen de conscience du soir.

Isolement au sein de l'organisation

On pourrait imaginer qu'une fois séparés de leur famille, les numéraires retrouvent un équilibre affectif et mental au sein de cette nouvelle et nombreuse « famille » que prétend être l'Opus Dei. Mais là aussi l'isolement est de rigueur, l'amitié entre les membres de l'Œuvre est prohibée. Cela, on ne le découvre qu'une fois à l'intérieur.

Au départ, les directeurs assignent à chaque candidat présentant les signes d'une vocation potentielle un numéraire qui a pour tâche de se lier d'amitié avec lui et de l'attirer vers les activités de l'Opus Dei. Emmanuel avait été désigné pour m'accompagner. Il avait été le lien affectif et spirituel qui m'avait attaché à l'Œuvre. À peine ma demande d'admission rédigée, ce cordon fut coupé, Emmanuel établit immédiatement une distance pour dépouiller nos rapports de toute dimension affective. Il obéissait en fait, je le compris plus tard, à cette directive :

> Il serait totalement déplacé que les membres de l'Opus Dei se confient entre eux des choses de leur vie intérieure ou leurs préoccupations personnelles car ceux qui ont reçu une grâce spéciale pour aider

les membres de l'Œuvre sont le directeur ou la directrice – ou la personne désignée par les directeurs – ainsi que le prêtre nommé à cette charge.

En outre, ces confidences pourraient engendrer des groupes ou des amitiés particulières et attiser la curiosité malsaine de certains sur des sujets qui ne les regardent pas.

Les fidèles peuvent ouvrir librement et spontanément leur âme au directeur local ou à la personne avec laquelle ils font leur entretien fraternel[1].

Ces sujets « qui ne regardent pas les curieux », loin d'être des questions de fond touchant la vie intérieure, la foi, la prière ou la vie au centre, portent en fait sur les détails de la bonne marche des activités ordinaires du centre. Toute interrogation portant sur le fonctionnement au quotidien est considérée comme malsaine. Des liens de confiance établis entre les membres pourraient leur permettre de mener ensemble une réflexion critique. L'Œuvre ne supporte aucun commentaire, qu'il vienne de l'extérieur ou, pire, d'une circulation interne.

Il serait déplacé que, grâce aux nouveaux moyens de communication, on envoie des messages informant du cours des différentes activités à un fidèle de la prélature d'une autre région, comme s'il était un correspondant[2].

---

1. *Catéchisme de la prélature de la Sainte-Croix et Opus Dei* (édition 2003), n° 221.

2. *Vade-mecum du gouvernement local,* 19 mars 2002, p. 22.

La règle invitant à tuer dans l'œuf toute amitié naissante entre numéraires est ainsi rédigée :

> Efforcez-vous de séparer dans nos centres ceux qui ont tendance à ressentir une amitié spéciale envers un autre membre. Ce genre d'amitiés nuit toujours à la charité fraternelle et si la personne objet de cette prédilection en prend conscience, cette relation se transforme en véritable esclavage. Inculquez dans le cœur et la tête de chacun – en temps voulu – la nécessité de couper à la racine toute préférence pour un autre de ses frères.
>
> Mettez-les en garde contre ces inclinations par sympathie, lien familial, provenance du même lieu, relation d'amitié antérieure à la vocation, études communes, etc. qui sont habituellement à l'origine de ces possibles erreurs.
>
> Faites en sorte qu'ils appliquent les remèdes appropriés : la prière, la mortification, qu'ils vous parlent avec simplicité pour que vous puissiez les aider. Qu'ils fréquentent moins et avec moins d'amabilité ces personnes pour lesquelles ils éprouvent une sympathie excessive. Qu'ils soient plus aimables avec ceux dont la compagnie les dérange.
>
> Si cela est nécessaire, il faudra faire en sorte qu'ils ne vivent pas dans la même maison ou dans le même centre[1].

Que l'on ne se méprenne pas, il ne s'agit pas ici de réprimer une attirance homosexuelle. La

1. Saint Josémaria, *Instructions pour les directeurs*, 31 mai 1936 (publiée et probablement rédigée en 1967), n° 87-88.

méthode de recrutement de l'Opus Dei amène souvent deux ou trois amis à y entrer ensemble. À leur grande surprise, ils sont immédiatement séparés les uns des autres : on les envoie chacun dans un centre, souvent dans des villes différentes.

Ma sœur a eu droit à ce traitement qui, je le confirme, est particulièrement cruel. Elle s'est retrouvée seule et sans défense face à ses directrices. Sa santé mentale en a été sérieusement éprouvée.

Isolement au sein de l'Église

Le directeur et le prêtre s'efforcent de convaincre le candidat, avant même son entrée dans l'Opus Dei, de ne pas demander conseil à un prêtre étranger à l'organisation, ni même à ses parents :

> On dit à ceux qui veulent demander l'admission [dans l'Œuvre] qu'ils peuvent demander conseil à qui ils veulent afin de respecter la liberté de chacun.
>
> Mais il faut avertir les intéressés qu'une personne qui ne connaît pas l'Œuvre peut difficilement leur donner un conseil objectif et prudent, à plus forte raison s'il s'agit de quelqu'un qui serait farouchement opposé à la vocation dans l'Opus Dei[1].

L'Opus Dei autorise les membres entrants à s'entourer librement de conseils extérieurs, tout en

1. *Catéchisme de la prélature de la Sainte-Croix et Opus Dei* (édition 2003), n° 299.

invitant fermement ses directeurs – et ses prêtres – à les en dissuader, comme le confirment de nombreux témoignages. En réalité, l'Œuvre déconseille purement et simplement à ses membres tout recours à l'extérieur, comme nous pouvons le lire dans le texte suivant. Saint Josémaria y évoque la parabole évangélique du bon pasteur qui « connaît ses brebis, et que ses brebis connaissent, qui écoutent sa voix et le suivent » :

> Mes enfants, vous devez prendre la ferme résolution de ne jamais commettre cette erreur dans votre vie. Le Seigneur lui-même, par l'intermédiaire de saint Jean, nous avertit qu'il ne faut pas demander conseil à l'extérieur, ce serait aller volontairement se jeter dans un précipice. Fuyez tout étranger ! N'écoutez que la voix du bon pasteur !
>
> Vous savez qui est le bon pasteur pour mes brebis ? Celui à qui j'ai moi seul confié cette mission. Et je la confie habituellement aux directeurs et aux prêtres de l'Œuvre. [...] Il faut écouter la voix du bon pasteur, de ceux qui ont reçu la mission de mener au pâturage les brebis de l'Opus Dei. Tous les autres n'ont pas cette mission spécifique de pasteur. [...]
>
> Quand une âme, dans certaines circonstances, a besoin d'un traitement – en quelque sorte – plus spécifique, c'est-à-dire quand elle a besoin de conseils urgents et opportuns, d'une direction spirituelle plus intense, elle ne doit pas aller la chercher en dehors de l'Œuvre. Celui qui agirait autrement s'éloignerait volontairement du bon chemin et il irait tout droit vers l'abîme. Il aurait, sans aucun doute, perdu le bon esprit [...].

Si tu faisais cela, tu aurais mauvais esprit, tu serais un pauvre misérable. Tu ne commettrais pas de péché, mais malheur à toi ! Tu aurais commencé à errer, à te tromper. Tu aurais commencé à écouter la voix du mauvais pasteur. Tu ne voudrais pas guérir parce que tu refuserais d'employer les bons moyens[1].

L'interdiction aux recours extérieurs frappe l'entourage laïc – la famille, les amis –, mais aussi les prêtres ! En entrant à l'Œuvre, l'adepte croit entrer dans l'Église. Il se trompe, parce qu'il est trompé. Celui qui se confierait à un prêtre n'appartenant pas à l'Œuvre ne pèche pas à proprement parler, mais il commet là une faute grave qui le conduira à la perdition… S'appuyant sur des comparaisons tirées de l'Évangile, saint Josémaria entretient la confusion de ses souvent très jeunes disciples. Cette confusion, évoluant naturellement vers une crainte, puis une aversion envers tout prêtre étranger à l'Œuvre, les coupe de l'Église universelle.

Raphaël
(Pologne, date des faits cités : 1999)

Raphaël, contrairement à la plupart des numéraires, avait rejoint l'Œuvre tardivement, à l'âge de vingt-cinq ans. Il était journaliste, aussi eut-il

1. Saint Josémaria, méditation *Le bon pasteur*, 12 mars 1961.

droit à un traitement de faveur. Les directeurs avaient tendance à lui passer toutes ses volontés, à ne pas intervenir dans son emploi du temps professionnel. Ils acceptaient ses doutes, ses questions et même son refus de se plier à certaines pratiques de l'Opus Dei. Pour ce numéraire pas comme les autres, la direction spirituelle du centre – qui se borne à vérifier si l'on remplit bien ses obligations et si l'on obéit à ses supérieurs – ne suffisait pas. Raphaël préférait ouvrir son âme au prêtre qui l'avait attiré à l'Œuvre.

Il ignorait que l'Opus Dei ne peut tolérer bien longtemps un régime de faveur. Au bout de six mois, les directeurs décidèrent qu'il était temps de mettre fin à ce « désordre ». Raphaël fut sommé de se confesser, comme tous les membres, au prêtre de son centre.

Il est faux d'affirmer que les membres de l'Œuvre ont la liberté de se confesser à qui ils souhaitent.

Sous prétexte de « protéger son propre charisme », l'Opus Dei s'isole volontairement du reste de l'Église. Les retraites spirituelles organisées dans les monastères ou diverses communautés chrétiennes sont ouvertes à tous et à toutes. On n'y rencontre cependant jamais aucun membre de l'Opus Dei : ils restent entre eux. La méfiance à l'égard « des autres », même catholiques, est telle, que les responsables refusent d'envoyer leurs ouailles ailleurs que dans leurs centres.

De même, dans les bibliothèques de ces lieux de retraite, on trouve en général des ouvrages de toutes les époques et de toutes les traditions spirituelles chrétiennes. Dans la bibliothèque d'un centre de l'Œuvre, ne sont accessibles pratiquement que les écrits du fondateur, de ses successeurs et de ses disciples.

Témoignages d'universitaires (Italie, 6 juillet 2007)

Du 21 au 24 juin 2007 un congrès réunit dans la capitale italienne plus de deux mille professeurs de toute l'Europe, à l'occasion du cinquantième anniversaire des traités de Rome (1957-2007). Cette rencontre, organisée en collaboration avec la commission des épiscopats de la Communauté européenne, le conseil pontifical pour la Culture, la congrégation pour l'Éducation catholique, la commission européenne, se tenait sous le haut patronage du président de la république italienne. Son thème : « Un nouvel humanisme pour l'Europe. » Le rôle des universités suscita des interventions de très haut niveau. L'événement avait son siège à l'université pontificale de Latran, mais des sessions se déroulèrent également dans différentes universités romaines, tant civiles qu'ecclésiastiques.

Parmi les participants figuraient d'importantes autorités civiles (des institutions européennes, italiennes et romaines), ecclésiastiques (le Saint-Siège et de nombreuses conférences épiscopales européennes) et académiques (beaucoup d'universités européennes, publiques et privées). Benoît XVI reçut les participants du congrès en audience dans l'auditorium Paul VI le samedi 23.

On remarqua tout particulièrement l'absence de Mgr Javier Echevarría, prélat de l'Opus Dei et grand chancelier de deux universités européennes : l'université de Navarre à Pampelune et l'université pontificale de la Sainte-Croix à Rome. Il n'apparut même pas à l'audience générale, bien qu'il réside à Rome et qu'il y fut présent à cette date. Je reconnais que les gens très importants – spécialement ceux qui ont plus de soixante-quinze ans – ont un emploi du temps très chargé et de sérieuses responsabilités qui peuvent pleinement justifier une telle absence. Peut-être a-t-il eu un accident ou un imprévu de dernière minute. Il est toutefois légitime de se demander pourquoi un double grand chancelier habitant à Rome et particulièrement intéressé par la vie universitaire et la question du respect de la dignité humaine en Europe, n'a pas assisté au moindre événement de cette grande rencontre européenne.

L'après-midi du samedi 23 juin, outre les activités académiques et liturgiques et les réunions scientifiques, étaient organisés différents événements dirigés par les « réalités ecclésiales » afin d'exposer l'apport de chacune d'elle à la constitution de l'humanisme européen. La conférence épiscopale espagnole, représentée par Mgr Agustín Cortés Soriano et Mgr Jaume Pujol Balcells, analysait « L'identité et la mission du professeur catholique dans l'université d'aujourd'hui ». La conférence, organisée par la Compagnie de Jésus, traitait de « l'influence des universités de la Compagnie de Jésus sur la culture européenne » ; la conférence organisée par le Chemin néocathécuménal, à laquelle participait Kiko Argüello en personne, avait pour thème « Université et nouvelle évangélisation ». La conférence organisée par les Focolari et présidée par Giuseppe Zanghi étudiait « La spiritualité de l'unité pour un humanisme rénové ». La conférence organisée par le MIEC – Pax Romana abordait la question du « Travail en entreprise : la dimension européenne d'une nouvelle citoyenneté solidaire ». La conférence organisée par le mouvement Communion et Libération, avec les interventions de Marco Bersanelli et de Carmine Di Martino, étudiait les notions « Université et raison ». La conférence organisée par les Missionnaires Identes étudiait « La conception mystique de l'homme ». La conférence organisée par la Fraternité Missionnaire Verbum Dei toucha à « La transmission des valeurs dans la relation enseignant-enseigné ». La conférence organisée par l'université européenne de Rome et présidée par Álvaro Corchera, directeur général de la Légion du Christ et du mouvement Regnum Christi développait « La figure du professeur universitaire ». Et la conférence organisée par la Communauté de Sant' Egidio questionnait « La foi et la raison dans la charité ».

On peut dire que l'Opus Dei brilla par son absence, en dépit d'être une « réalité ecclésiale » comme les autres, et bien que son prélat, en tant qu'évêque, représente lui-même la plus haute « réalité ecclésiale » possible.

Voici une explication : l'Opus Dei n'aime pas qu'on la confonde ni avec un ordre religieux ni avec un institut séculier – bien qu'elle l'ait été pendant trente-cinq ans –, ni avec les « nouveaux mouvements laïcs ». Selon la version officielle de l'Œuvre et ses fondements théoriques, un membre de l'Opus Dei se limite à vivre sa vocation chrétienne en remplissant les obligations correspondant à sa condition de baptisé, ni plus ni moins. C'est un chrétien ordinaire, comme les autres, vivant au milieu du monde et recherchant la sainteté. À ce titre, il ne peut être confondu ni avec une personne consacrée ni avec les « nouveaux mouvements laïcs ». Cette théorie justifierait l'absence de l'Opus Dei aux événements cet après-midi du 23 juin 2007 à l'occasion de la « Rencontre européenne des professeurs universitaires ».

Le problème reste le bien-fondé de cette thèse. Celui qui l'a inventée n'y croit probablement pas. Voyons donc. Le fait d'être baptisé n'implique pas l'obligation de réciter tous les jeudis la prière Adoro te devote, *ni l'obligation de se confesser chaque semaine au prêtre désigné par les directeurs, encore moins le fait que Mgr Echevarría se nomme « Père », puisque seul Dieu est le père d'un baptisé, et personne d'autre. Les obligations des membres de l'Opus Dei ne proviennent pas de la condition de baptisé des chrétiens courants, mais sont propres à une institution qui croit convenable et nécessaire d'imposer – ou recommander – de telles obligations à ses membres. Il est donc évident que les membres de l'Opus Dei fonctionnent dans le cadre du phénomène associatif de l'Église, qu'ils sont donc une « réalité ecclésiale » de plus.*

La prélature de l'Opus Dei considère qu'elle n'est pas comparable à une association ou à un mouvement laïc. Elle se croit hiérarchique, juridictionnelle, et n'accepte d'être comparée qu'à d'autres réalités hiérarchiques : les diocèses, les vicariats territoriaux, les administrations apostoliques, etc. Elle l'affirme en dépit des indications contradictoires du code juridique de l'Église lui-même. Mais l'Opus Dei continue de prétendre être une structure hiérarchique et, pour cette raison, évite de se mêler aux autres. Il s'agit d'éliminer tout doute possible. C'est pourquoi les représentants de l'Opus Dei ne se mêleront à aucun événement auquel ils devraient assister au même titre que les autres réalités ecclésiales (par des discours, des entrevues, des livres, des pages Internet, leur vocabulaire, leurs règlements, etc.).

La prélature personnelle se cache comme si elle n'était pas une réalité ecclésiale : ce comportement est étonnant pour les autres croyants. Elle se laisse aussi dominer par un complexe de supériorité ridicule qui ne fait qu'apitoyer les autres.

7

De la docilité au sacrifice de la raison

Le processus de formation exige des nouveaux membres qu'ils assimilent un certain nombre de convictions qui leur permettront de vivre pleinement la spiritualité de l'Œuvre. Ce procédé reste sain tant qu'il ne nie pas les convictions personnelles et laisse une place à la liberté de pensée.

Mais cette formation, poussée à son paroxysme, annihile chez l'individu sa propre conscience et sa responsabilité personnelle : il doit faire siennes des opinions bien précises et abdiquer par là même toute réflexion qui ne serait pas fidèle à l'enseignement exact de l'Opus Dei.

Ceci est tout à fait contraire à l'enseignement de l'Église, à la théologie des Pères et de Thomas d'Aquin, pour qui la liberté de conscience et l'intelligence données par Dieu à tout homme, sa possibilité de discernement et de choix, sont intangibles et au-dessus de tout ordre extérieur, même si celui-ci provient de l'Église elle-même.

Atomito
(Uruguay, 7 novembre 2008)

À un moment, j'ai commencé à me poser des questions essentielles sur la religion catholique. Le prêtre auquel je me confessais me disait : « Tu fais de la masturbation mentale. Il y en a qui se masturbent avec leur sexe, toi tu te masturbes avec ces choses-là. Cesse d'y penser. » Autrement dit, réfléchir à la cohérence de ce que l'on nous enseigne, c'est-à-dire rechercher la vérité, équivaut à se chauffer la tête avec des pensées érotiques !

> L'orgueil, qui se cache souvent derrière l'humilité, est l'obstacle le plus difficile à surmonter quand il se présente. D'habitude, il apparaît après un certain temps. Il s'exprime à travers des réactions de susceptibilité, d'esprit critique, de manque de docilité, etc. Dans ce cas, il faut aider l'intéressé à prendre conscience que ces idées ou ces réactions sont des manifestations d'orgueil. Pour vaincre son orgueil, il doit [...] se laisser docilement guider[1].

Le désir de comprendre est assimilé à de l'orgueil. Pour en guérir, l'adepte doit y renoncer et se laisser guider comme un enfant :

> L'enfance spirituelle requiert la soumission de la raison, plus difficile que la soumission de la volonté. Pour soumettre sa raison il faut, outre la

1. *Vade-mecum du gouvernement local,* 19 mars 2002, p. 62.

grâce de Dieu, continuellement exercer sa volonté à dire non, comme elle dit non à la chair, une fois, une autre fois et toujours[1].

La mortification intérieure est particulièrement importante : vigilance du cœur, de l'imagination, des sens, de la mémoire, de l'intelligence et de la volonté[2].

Difficile de concevoir programme plus inhumain : il faut refréner l'amour (les mouvements du cœur), la fantaisie (les mouvements de l'imagination), la chair (les mouvements des sens), la raison (les mouvements de la mémoire, de l'intelligence et de la volonté).

José Carlos
(États-Unis, 1er octobre 2004)

J'avais un sens de l'amitié si fort, que lorsque je devais dire adieu à des gens avec lesquels j'avais accompli un travail social au Mexique ou en Inde, je pleurais comme un enfant pendant tout le voyage de retour en avion. Mes amis, la vie de famille et le travail apostolique m'ont permis de canaliser cette affectivité débordante. J'avais trop tendance à m'attacher aux gens et dus apprendre

1. Saint Josémaria, *Chemin*, éditions Le Laurier, 1993, n° 856.
2. *Expériences sur la manière de mener l'entretien fraternel*, 19 mars 2001, p. 34.

à ne pas laisser de côté ceux qui m'attiraient moins, pour agir comme le Christ.

Je poursuivais mes études de médecine aux États-Unis, le rythme était dur. Commençant mon travail à 7 heures, je devais me lever à 4 h 30 pour assister à la messe de 6 heures. J'étais de garde trois ou quatre nuits par semaine pendant lesquelles je fermais rarement l'œil. Le lendemain, je travaillais jusqu'à 19 heures. Je n'avais que quatre jours de repos par mois. Il me fallait être constamment attentif aux malades et agréable avec tout le monde : mes patients, les familles, les infirmières, mes collègues, les étudiants, mes supérieurs. Je courais tout le temps et devais prendre des décisions dans l'urgence. Je voyais des malades mourir malgré tant d'efforts. Je n'avais jamais vécu une telle abnégation. En plus, j'étais numéraire, donc il y avait les « normes[1] », les moyens de formation, les charges apostoliques et la vie dite « de famille ».

Mais l'ambiance de service et de camaraderie à l'hôpital est aussi merveilleusement enrichissante. Pour moi, ce fut la grande révélation de ma vocation professionnelle. Je pouvais vraiment tenter de prendre Jésus pour modèle dans ma vie de tous les jours. Et, vu mon caractère, j'avais toujours des relations intenses, pleines d'émotion. J'avais de vrais amis et cela me rendait profondément heureux.

---

1. Voir lexique en annexe.

Naturellement, je ne faisais aucune différence entre mes collègues hommes et femmes. On travaillait ensemble, on partageait les mêmes idéaux et surtout on soignait les mêmes patients jour après jour. Je me retrouvais parfois dans des situations, inoffensives en soi, mais impossibles à vivre pour un numéraire. Je ne sais pas s'il en est de même pour tous ceux qui se sont consacrés à Dieu dans le célibat, mais, dans l'Œuvre, on doit vivre des normes dites de « prudence ».

Difficile d'aller dîner en groupe quand tu ne sais pas si tu seras le seul garçon. Une collègue peut venir te voir pendant une nuit de garde pour te raconter ses problèmes. Une autre qui habite à deux pas de ton centre te voit marcher vers le métro et te propose de te déposer chez toi en voiture. Tu t'occupes de trois étudiantes et elles veulent te remercier par une soirée sympa. Une infirmière vient de se faire larguer par son copain et éclate en sanglots devant toi. La sœur d'un malade atteint du syndrome de Down veut savoir la vérité. Toutes ces situations sont inacceptables pour les membres célibataires.

En fait, quand une fille m'attirait ou que je commençais à m'attacher à une femme, je « coupais » immédiatement et en parlais dans la direction spirituelle.

Mais un jour, quelqu'un dans l'Opus Dei décida que je devais en finir avec tout ça. On me demanda de prendre une année sabbatique le plus tôt possible. On me suggéra de changer de ville, voire de pays, et de faire autre chose. Évidemment on y mettait les formes : « J'étais épuisé, je filais du mauvais coton, je n'avais plus les mêmes centres d'intérêt, je commettais beaucoup d'imprudences, j'avais besoin de prendre du recul, je ne pouvais pas continuer ainsi. »

Cette décision me sembla vraiment violente car je ne pense pas que mon cas était si grave, et elle pouvait avoir des conséquences dramatiques sur ma carrière. Je trouvais absurde de devoir expliquer à mes compagnons et à mes patrons qui me voyaient toujours si enthousiaste, que j'allais disparaître de la circulation. Et en y réfléchissant, j'avais plutôt l'impression que ce « problème » venait de moi. Je ne pourrais pas changer, j'étais comme ça.

On me demandait de travailler sur ma sensibilité. Mais dans mon métier, il y aurait toujours des femmes malades, des infirmières, des femmes médecins et des étudiantes. Et même si je devais travailler dans un collège de l'Œuvre, il y aurait toujours des mères d'élèves, des sœurs d'élèves, des femmes de ménage et des femmes de surnuméraires. Alors, je me voyais déjà relégué dans un centre à tamponner des papiers, en écoutant les confidences d'agrégés et de surnuméraires veufs.

Tout simplement, un type avec une affectivité aussi débridée que la mienne ne pouvait être à la fois un bon médecin et un bon numéraire.

Je refusais ce qu'on me demandait, cela me semblait inacceptable. Comme ils insistaient, je leur fis comprendre que j'allais partir. Ce forcing m'épuisait et me faisait souffrir car, de numéraire bien dans ma peau et amoureux de ma vocation, j'étais devenu un problème et devais me battre avec rage contre ce qu'on me disait.

Ils voyaient bien qu'ils avaient dépassé les bornes, mais ils me firent savoir qu'ils attendaient de moi une grande conversion intérieure. Je savais parfaitement que cette « conversion » signifiait : être totalement disponible, car c'est ce don de soi que la vocation exige. Même si en apparence, à ce moment-là, on ne me demandait pas la lune, je savais qu'au moment même où je céderais, je serais pris dans un engrenage. C'est dans cet état d'esprit que je fis ma retraite annuelle avec l'intention de faire, juste après, un voyage rapide en Espagne pour en parler à mes parents.

Pendant cette semaine de retraite, je sortis à peine de l'oratoire. Je priai comme un fou. Je n'avais jamais vécu une telle agonie. Rester dans l'Opus Dei signifiait pour moi détruire mon intelligence car je ne comprenais pas ce qu'on exigeait de moi. Je devais immoler ma volonté, tout donner : mon cœur, mes amis, mon métier que j'aimais tant, un métier prometteur, mon avenir et ma famille, sans oublier mes deux sœurs handicapées dont je devrais sûrement m'occuper un jour. J'avais donc besoin d'avoir un vrai métier. Et on me demandait de m'abandonner totalement entre les mains de personnes en qui je n'avais plus confiance. M'offrir sur l'autel du sacrifice, ici et maintenant ?

Le troisième jour de cette retraite, Dieu, dans son infinie miséricorde, me montra que je pouvais certes lui offrir cet énorme sacrifice et qu'Il m'accorderait sa grâce, mais Il ne me demandait pas cela pour devenir saint. C'est alors qu'au plus profond de mon être, j'eus conscience de ma propre liberté, celle que Dieu avait créée pour moi et qu'Il aimait. Deux chemins s'offraient alors à moi. Je pouvais suivre et aimer le Christ dans ces deux voies, mais la vie ordinaire n'exige pas un héroïsme désincarné comme seule condition pour Le suivre.

Cette certitude scella mon choix. J'allai en Espagne, j'en parlai avec mes parents si merveilleusement compréhensifs. J'obtins un mois de réflexion où je pris conscience que j'étais toujours le même. Je demandai alors à partir. Deux semaines plus tard, je quittai mon centre et on m'accorda « la dispense » deux mois et demi plus tard. Je leur avais bien fait comprendre que ma décision était définitive car elle était le fruit de plusieurs mois de réflexion en présence de Dieu.

L'intention de briser tout amour-propre et toute confiance en soi saute aux yeux :

> Notre propre jugement est mauvais conseiller, mauvais pilote, s'il s'agit de diriger l'âme à travers les bourrasques et les tempêtes, parmi les écueils de la vie intérieure[1].

> Cet esprit critique – qui n'est pas médisance, je te l'accorde – ne l'exerce ni dans ton apostolat ni avec tes frères[2].

1. Saint Josémaria, *Chemin, op. cit.*, n° 59.
2. Saint Josémaria, Lettre, 28 mars 1973, n° 16.

Il n'y a pas de débat dans l'Opus Dei. Des membres de base aux directeurs régionaux et centraux, tous doivent se concentrer sur la fidèle observance des règles codifiées dans les documents internes. Le prélat est le seul dépositaire de « l'esprit du fondateur » et seul décideur des éventuelles adaptations de l'esprit de l'Œuvre aux temps modernes.

Dans notre centre, plusieurs directeurs centraux venaient de Rome en visite, essentiellement dans le but de nous réclamer de meilleurs résultats « apostoliques », c'est-à-dire plus de vocations. Ils assistaient aux réunions pour déceler quels éléments de l'esprit de l'Œuvre étaient insuffisamment appliqués dans notre centre. Je me souviens qu'après leur départ, le directeur nous avait fait remarquer : « Voyez comment agissent les directeurs centraux : plus ils sont vieux et expérimentés, moins ils se fient à leur propre jugement. Ils vont à la prière avec toujours un *vade-mecum* sous le bras, cherchant à s'identifier le plus possible à l'esprit de l'Œuvre. C'est comme ça que nous devons faire. » Une telle logique s'enracine dans la certitude que l'esprit de l'Œuvre laissé par le fondateur est un système parfait et infaillible. Donc immuable. Face à une telle conviction, l'initiative ou la réflexion personnelles n'ont aucune place, elles sont, par essence, contre-productives.

> Je vais te rassurer : prends une plume et du papier, écris simplement et en toute confiance – et surtout brièvement – ce qui te tourmente. Remets le papier à ton supérieur. N'y pense plus. Lui, qui

est la « tête » – et qui a la grâce d'état –, classera la note... ou la jettera au panier[1].

On compte par centaines les témoignages de membres qui ont fait part loyalement de leurs inquiétudes aux autorités de l'Opus Dei quant aux défauts de fonctionnement de l'institution, tentant d'en discuter avec les directeurs régionaux et centraux, avec les délégués du prélat lors des « commissions de service » et des « semaines de travail », ou même par écrit, directement au prélat. Ces interventions restent sans suite et leurs auteurs, souvent classés « dissidents », peuvent être soumis à des représailles : démission de leurs postes de direction, isolement au sein de l'organisation, etc.

> Ne vous fiez pas facilement à votre propre jugement : tel le métal précieux qui doit être mis à l'épreuve – frotté à la pierre de touche –, nous devons savoir si notre jugement est de l'or pur – dans ce qui est naturel et ce qui est surnaturel – en tenant compte de l'avis des autres, spécialement de ceux qui ont la grâce d'état pour nous aider. Pour cela nous devons être disposés à rectifier ce que nous avons pu affirmer[2].

Pour le fondateur, les compétences d'un directeur spirituel s'étendent à tout ce qui touche

1. Saint Josémaria, *Chemin*, *op. cit.*, n° 53.
2. Saint Josémaria, Lettre *Videns eos*, 24 mars 1931, n° 50.

l'individu, qu'il s'agisse du domaine professionnel, de ses relations affectives, sociales, etc. Pour autant, veiller à ce que chacun se conforme à l'esprit de l'Opus Dei est une tâche qui revient à tous. L'amitié cède la place à la vigilance, chacun devient le gardien de l'autre, au service de l'Œuvre.

> C'est le devoir de tous de se préoccuper de la persévérance des autres, de protéger la santé spirituelle et doctrinale de l'Œuvre. Aidez-vous à fuir les occasions, à garder les sens, à mortifier la curiosité de l'esprit[1].

Saint Josémaria nous délivre de la curiosité. Et, pour en protéger « ses enfants », il a dressé une liste de livres « dangereux » :

> Pour rejeter et s'opposer aux égarements de la foi et des traditions, voici une mesure concrète de prudence : elle consiste à se soumettre humblement et volontiers à la limitation que suppose le fait d'éviter certaines lectures. [...] Nous ne pouvons pas lire d'ouvrages comportant une doctrine erronée ni une littérature qui encourage les mauvaises mœurs[2].

Avant d'ouvrir un livre, un membre de l'Opus Dei doit en demander la permission à son directeur. Celui-ci vérifie s'il ne figure pas sur la liste interne des livres dangereux que

1. Saint Josémaria, Lettre, 28 mars 1973, n° 15.
2. *Ibid.*, n° 16.

l'on appelle l'Index, le même terme qu'utilisait l'Église[1].

Soixante mille livres y figurent, avec des notes de moralité allant de 1 à 6. De 1 à 3, on peut lire l'ouvrage. À 4, la lecture est vivement déconseillée. Ce fut le cas pour *1984*, au prétexte qu'il y avait des descriptions de scènes d'amour. Quand je suis sorti de l'Opus Dei, j'ai pu enfin lire le livre. Je n'y ai trouvé aucune description croustillante ! Pourquoi figurait-il sur la liste ? Peut-être était-ce plutôt parce qu'on y décrit un système totalitaire en tous points semblable à l'Opus Dei ?

Lorsque la note atteint 5 ou 6, on ne peut les lire qu'avec la permission du siège central de Rome. C'est ainsi que j'ai dû attendre plus de trois mois l'autorisation de lire *La Peste* d'Albert Camus. En revanche, il me fut interdit de lire les *Essais* de Montaigne, *Le Père Goriot*, *Les Misérables*, ou des auteurs comme Paulo Coelho, Émile Zola, Henri Bergson, etc. Cela concerne 23 000 livres ! Comment évaluer l'importance de ce chiffre ? Si l'on tient compte du fait que l'Index interdit des ouvrages de littérature, de philosophie, de théologie, de psychologie, etc., il est suffisamment important pour rendre pénible l'étude des sciences humaines. Les membres de l'Opus Dei poursuivant des études littéraires doivent se livrer à de sacrées acrobaties mentales ! Comment

1. L'Église a aboli l'Index en 1966.

passer un examen sur une œuvre maîtresse de la littérature sans l'avoir lue, tout simplement parce qu'elle « encourage des mœurs douteuses » ?

Des ouvrages de théologiens catholiques reconnus du XXe siècle comme Henri de Lubac, Yves Congar, Alfons Auer ou Karl Rahner sont mis à l'Index de l'Opus Dei ! On y trouvait même, avant 1980, quelques ouvrages d'un certain Joseph Ratzinger, devenu pape sous le nom de Benoît XVI – qui, selon l'organisation, comportaient « des doctrines erronées »... Au moment où leur auteur fut nommé préfet de la Congrégation pour la doctrine de la foi, ses ouvrages se retrouvèrent autorisés, comme par enchantement.

L'Opus Dei lie le salut à la stricte observance des enseignements de saint Thomas d'Aquin – même si dans la pratique elle n'en retient que ce qui l'intéresse.

> Si saint Pie X – comme l'avait fait auparavant Léon XIII – exhortait l'Église à être fidèle à la philosophie et à la théologie de saint Thomas, comme l'un des remèdes les plus importants et urgents pour combattre efficacement les fléaux du modernisme, il est évident qu'aujourd'hui, plus que jamais, il est nécessaire d'appliquer strictement cette disposition[1].

1. Saint Josémaria, Lettre, 14 février 1974, n° 26.

« Un enseignement pour boy-scouts évolués » (Hans Urs von Balthasar)

Parmi ces grands penseurs catholiques rejetés par l'Opus Dei se trouvait le célèbre théologien suisse Hans Urs von Balthasar. Auteur de la plus monumentale œuvre théologique du siècle, *La Gloire et la Croix*, il a entre autres coécrit plusieurs ouvrages avec Joseph Ratzinger et cofondé la revue *Communio*. Serait-ce à cause de l'article suivant, paru dès 1963 ?

L'Opus Dei : un intégrisme catholique par Hans Urs von Balthasar[1]

Les protestants nous envient souvent, nous catholiques, de ne pas avoir, grâce à Rome, de fractions opposées comparables aux tragiques divisions dont ils souffrent. C'est vrai en ce qui concerne nos frontières dogmatiques, cela ne l'est pas au sein de nos différents espaces de spiritualité, car sur ce point nous nous dirigeons vers une situation qui ressemble à celle des protestants. Le premier penseur chrétien à avoir observé avec une profonde inquiétude ce phénomène que l'on appelle aujourd'hui « intégrisme » était Maurice Blondel. Il a établi un diagnostic qui jusqu'à aujourd'hui reste le meilleur.

---

1. Cet article paru dans le *Neue Zürcher Nachrichten-Christliche Kultur* du 23 novembre 1963 fit grand bruit. L'analyse du grand théologien n'a perdu ni son acuité ni son actualité.

L'expression intégriste la plus vigoureuse au sein de l'Église est sans nul doute l'Opus Dei qui nous vient d'Espagne : cet institut séculier avec des milliers de membres, surtout dans le monde universitaire, avec une dimension internationale. L'organisation possède de nombreuses résidences d'étudiants dans le monde entier, ainsi qu'une université à Pampelune[1]. Elle est très proche du régime espagnol de Franco, elle occupe de hauts postes dans le gouvernement, dans des banques, des maisons d'éditions, des revues, des organes de presse, et développe partout – y compris en Allemagne, en France, en Autriche et en Suisse – une activité discrète et zélée de propagande. L'appartenance à l'Œuvre est conçue de manière multiple et complexe, cela va de grands cercles visibles à des groupes intimes secrets et des cellules. Nous nous limiterons ici à exposer sa spiritualité à travers le livre de son fondateur et président Josémaria Escriva, *Chemin*, et nous nous demanderons : l'auteur a-t-il réellement l'intention de développer une authentique spiritualité chrétienne capable de rassasier un corps aussi puissant et élitiste ? Ce livre n'est-t-il pas plutôt un simple manuel rédigé par un Espagnol, destiné à de grands explorateurs ? Et pourtant, elles sont tout autant espagnoles ces authentiques œuvres mystiques de

1. Aujourd'hui l'Œuvre n'est plus un institut séculier, mais d'après John Allen (2006) elle contrôle : 15 universités (80 000 étudiants) ; 7 hôpitaux (1 000 médecins, 1 500 infirmières, 30 000 malades) ; 11 écoles de gestion ; 267 écoles primaires, secondaires et lycées (125 000 élèves) ; 97 écoles professionnelles (13 000 élèves) ; 166 résidences d'étudiants (6 000 résidents). (N.D.A.)

Raimundo Lulio, Jean de la Croix et Ignace de Loyola. Avec leurs profondes résonances évangéliques elles traverseront les siècles. Voici quelques citations pour mieux saisir la « tonalité nouvelle » de ce « chemin » :

« Te laisser aller ? Toi ?.... ferais-tu donc partie de la troupe ? Alors que tu es né pour commander ! Il n'y a pas de place parmi nous pour les tièdes. Énergie ! Sans elle, Ignace n'aurait pu être saint Ignace. Dieu et audace ! Sois fort et viril. D'abord pour devenir vraiment maître de toi-même. Puis pour être un guide, un chef !.... Qui force, qui pense, qui entraîne, par son exemple et sa parole, par sa science et son autorité.

« Le mariage est pour la troupe, non pour l'état-major du Christ.

« Tu as soif de paternité ?... Si nous sacrifions l'égoïsme de la chair, nous laisserons des enfants, de nombreux enfants, et un sillage ineffaçable de lumière.

« La lâcheté, vous l'appelez prudence : je n'aime pas cet euphémisme. Votre “prudence” donne l'occasion aux ennemis de Dieu à l'esprit vide de se faire passer pour Sages et d'accéder à des postes qu'ils n'auraient jamais dû occuper.

« Et puis, va de l'avant, avec une sainte effronterie, sans t'arrêter, jusqu'à ce que tu aies enfin gravi la côte de l'accomplissement de ton devoir.

« Ton caractère est peu vigoureux.

« Tais-toi. Ne fais pas l'enfant. Ne sois pas puéril. Mon ami, sois un peu moins ingénu.

« Des chefs !.... Endurcis ta volonté pour que Dieu fasse de toi un chef. Tu sais comment agissent les sociétés secrètes maudites ? Il faut beaucoup d'obéissance.

« Quand un laïc s'érige en maître de morale, il se trompe fréquemment : les laïcs ne peuvent être que disciples.

« Le prêtre – quel qu'il soit – est toujours un autre Christ. – Aimer Dieu et ne pas vénérer le prêtre... c'est impossible. »

Écoutons maintenant une instruction dans laquelle on définit comment s'adresser à Dieu dans la prière :

« Tu m'as écrit : "Prier, c'est parler avec Dieu. Mais de quoi ?" – "De quoi ? De Lui, de toi : joies, tristesses, succès et défaites, nobles ambitions, soucis quotidiens..., faiblesses !" »

Cette prière n'évolue donc presque exclusivement que dans le cercle étroit du moi, d'un moi qui doit être grand et fort, revêtu de vertus païennes, un moi apostolique et napoléonien. On peut chercher en vain ici ce qui est avant tout essentiel à la prière, c'est-à-dire à l'enracinement contemplatif dans la parole de Dieu « dans une terre fertile » (Mt 13, 8). Ce qui constitue l'essence de la prière des saints, des grands fondateurs, la prière d'un Charles de Foucauld. Il ne nous reste plus qu'à espérer que l'Opus Dei garde au plus profond d'elle-même des réserves spirituelles totalement différentes de ces affirmations étroites. Quand ce chef spirituel aura fini de cueillir ses fleurs et s'attaquera à quelques roses de Lisieux pour compléter son bouquet, elles seront déjà presque fanées, elles ne pourront plus s'épanouir et ne resteront pas longtemps dans le vase.

« Tu me dis vouloir être un chef », nous interroge suggestivement la maxime 931. « Ah non, Monseigneur, je ne crois pas avoir dit cela ! »

Malgré les affirmations selon lesquelles un membre de l'Œuvre est libre dans ses choix politiques (J. Herranz, *L'Opus Dei et la politique*), votre organisation est indéniablement marquée par le sceau du franquisme, car « elle a baigné dans ces eaux-là ».

Il y a aussi ce problème grave – que nous ne traiterons pas à fond – qui concerne la « tactique apostolique » de « l'Œuvre de Dieu ». Tout d'abord cette relation entre « l'argent et l'esprit ». Par exemple : peut-on acheter un journal (jusque-là, libre) avec toute son équipe de rédacteurs et de collaborateurs (jusque-là, libres) et laisser tout ce petit monde continuer à écrire comme avant, mais à une condition : insérer dans chaque numéro un peu de propagande pour l'Opus Dei ? C'est arrivé à une revue parisienne, *La Table Ronde*, qui au départ était tellement attirante et pleine d'esprit. Cela arrivera à d'autres publications. N'oublions pas que les plus belles revues (*La Torche*, *Les Cahiers* de Péguy) ont été conçues ou dirigées par de grandes personnalités (*Hochland* de Muth et Schöningh, *Esprit* de Mounier et Béguin) ou qui témoignaient de la pensée d'un groupe libre (*Témoignages*, *Le Coq*) ou d'un certain ordre (*La Vie intellectuelle*).

Vouloir acheter l'esprit est une contradiction en soi. Alors, que dire des méthodes de recrutement qui propulsent sur la sellette des professeurs bien pensants influents et riches qui rassemblent autour d'eux de nombreux étudiants et des êtres cultivés, pour choisir finalement celui qui sera le plus utile ? Nous aurions préféré un jeu ouvert. Nous aurions aimé entendre à la place de traités de droit ecclésiastique, le langage simple et sibyllin de l'Évangile.

Nous pourrions écrire sur les formes multiples que peut prendre l'intégrisme national ou étranger, sur toutes ces variations entre la limite ecclésiale et les instruments ecclésiastiques. Les combinaisons possibles entre traditionalisme, monarchisme, juridisme et esprit militaire, politique et haute finance, sont infinies. Le problème est toujours le même lorsque ces domaines de valeurs (de formes très diverses) peuvent se mettre au service de Jésus-Christ qui a porté les péchés du monde tel un « agneau » et non pas un tigre, qui a prêché la doctrine de son Père sur le bois de la Croix et non d'une chaire universitaire. Lui qui a aimé son prochain avec ce sens du service et de l'humilité, simplement, sans aucune « stratégie apostolique », et qui surtout ne se contemplait pas lui-même. Tel le Samaritain, il traversait les frontières ennemies.

En 1984, une chaîne de télévision suisse vint l'interviewer chez lui, à Bâle. Alors que le journaliste rappelait à son interlocuteur qu'il avait défini *Chemin* comme « un enseignement pour boy-scouts évolués », Hans Urs von Balthasar répondit : « Aujourd'hui, je n'ai pas changé d'opinion. »

8

Du don de soi à la perte de soi

« Celui qui veut gagner sa vie la perdra, mais celui qui la perd la sauvera » – L'Église voit dans ce paradoxe exprimé par Jésus l'appel au don de soi. S'oublier au profit de l'autre est une idée ancrée dans une longue tradition chrétienne. Vécue de manière radicale, elle peut aboutir à une véritable *perte de soi*.

Voyons ce que préconise à ce sujet saint Josémaria :

> Que mes enfants n'oublient pas qu'ils viennent obéir, qu'ils viennent passer inaperçus.
>
> Quand tu t'oublies toi-même, que tu oublies ce qui te concerne, tu fais du bon travail.
>
> Le don de soi consiste principalement à ne pas penser à soi[1].
>
> J'insiste : je donne comme remède à tous les problèmes personnels le fait de ne pas penser à soi et de s'occuper des autres, pour Dieu. C'est ainsi que l'on parcourt les chemins de la terre en préparant les chemins du Seigneur[2].

---

1. Saint Josémaria, *Seul avec Dieu*, n° 188, 118, 114.
2. Saint Josémaria, méditation, 20 janvier 1967.

Érigé en commandement sans nuance, sans analyse, sans réflexion et, partant, sans véritable adhésion, l'oubli de soi devient très vite un total déni de soi.

> Je ne vaux rien, je ne possède rien, je ne sais rien, je ne suis rien, rien[1] !

Bien évidemment les petits plaisirs sont proscrits puisqu'il faut être « détaché de tout ». Toute habitude, tout désir personnel constitue un attachement terrestre. On donne en exemple aux membres de l'Œuvre leur fondateur qui ne cessait de répéter :

> Quand on doit choisir une chose pour son usage personnel, on préférera ce qu'il y a de moins attirant, de moins sympathique[2].

Les membres qui prennent cette indication à cœur culpabilisent quand ils se sentent tout simplement bien. Ils sont même susceptibles de faire taire en eux tout désir, puisque la seule idée de « se faire plaisir » frôle le péché. Toutes ces petites satisfactions quotidiennes qui peuvent procurer de la joie sont réduites à l'idée de « compensations », de recours pour échapper aux « exigences de la vocation ». Combien de temps peut-on survivre dans un tel reniement ?

---

1. Saint Josémaria, *Chemin de croix*, éditions Le Laurier, 1983, XIIIe station, point 5.
2. Saint Josémaria, *Instruction*, 31 mai 1936, nota 137.

À quel moment va apparaître ce sentiment de vide, d'absurdité, de désespoir ? Saint Josémaria avait prévu cette éventualité et donné la solution suivante :

> S'il nous arrive un jour – devant tant d'efforts, d'aridité – d'avoir l'impression de jouer la comédie, nous devons réagir ainsi car l'instant merveilleux de jouer la comédie devant un spectateur divin est arrivé :
>
> Nous ne pouvons abandonner notre vie de piété, notre vie de sacrifice, notre vie d'amour. Jouer la comédie devant Dieu, par amour, pour plaire à Dieu, quand on vit à contre-courant, c'est être un jongleur de Dieu. Il est beau – n'en doute pas – de jouer la comédie par amour, avec sacrifice, sans aucune satisfaction personnelle, pour faire plaisir au Seigneur qui joue avec nous. [...]
>
> Nous devons faire notre devoir non parce que cela nous plaît, mais parce que nous en avons l'obligation. Nous ne devons pas travailler parce que nous en avons envie, mais parce que Dieu le veut : et nous devrons travailler en outre de bonne grâce. L'amour le plus exquis, celui qui rend l'âme heureuse, jaillit dans la douleur et dans la joie de renoncer à nos inclinations personnelles pour servir le Seigneur et sa sainte Église[1].

L'amour peut faire souffrir, c'est entendu. Affirmer cependant que « l'amour le plus exquis

1. Saint Josémaria, Lettre *Videns eos*, 24 mars 1931, n° 18-19.

jaillit dans la douleur » est aussi faux que dangereux, tout comme : « la joie a des racines en forme de croix », contribue à répandre un dolorisme que l'Église, très majoritairement, réfute.

S'il est vrai que l'égocentrisme est contraire à la vie spirituelle, l'invitation à « ne pas s'écouter soi-même » doit être largement expliquée, nuancée, au risque de se perdre. Ce risque guette chaque entrant à l'Opus Dei puisque son recrutement s'adresse à des personnes ayant le désir sincère de servir. En invitant les membres, et tout particulièrement les numéraires, à renoncer à leurs aspirations, à refouler une part d'eux-mêmes, à faire de toute tâche un travail sanctifié, à renoncer au plaisir, à se mortifier, l'Opus Dei fait disparaître l'individu au service de la communauté, mais d'une communauté réduite à elle-même. Travailler pour l'Œuvre, vivre pour l'Œuvre, s'oublier pour elle, afin de « n'être plus qu'Opus Dei ».

« Passer inaperçu », voilà l'idéal proposé aux membres de l'Opus Dei : ne pas poser de problème, ne pas avoir d'opinion personnelle, se laisser conduire comme un enfant. La tradition chrétienne, profondément marquée par l'idée d'enfance spirituelle – l'abandon à Dieu –, est réduite ici à un comportement infantile, un abandon servile aux mains des directeurs : « Enfant, l'abandon exige la docilité[1]. »

1. Saint Josémaria, *Chemin*, *op. cit.*, n° 871.

Maria del Carmen Tapia[1]
(Rome, janvier 1992)

En 1965, Maria del Carmen Tapia était responsable de la section féminine au Venezuela, depuis neuf ans. Un jour, le conseiller régional la convoqua de toute urgence : le fondateur l'appelait immédiatement à Rome. Trois jours plus tard, elle y atterrissait, munie d'une petite valise, inquiète de savoir ce qui l'attendait. Le soir même, elle rencontra très brièvement le fondateur. Il ne la reçut qu'un mois plus tard, accompagné de son futur successeur, Javier Echevarría, et de deux directrices.

« Carmen, car je ne vais pas t'appeler Maria del *Carmen comme tu y tiens tant, n'est-ce pas ? » dit-il en cherchant du regard l'approbation des autres assistants.*

« Je voulais te voir parce que je désire que tu travailles ici, à Rome. Tu ne retourneras pas au Venezuela. On t'a amenée ici par "ruse", dit-il en souriant, car avec ton esprit malin, je ne sais ce dont tu aurais été capable ? C'était le seul moyen. Donc, tu ne repars pas au Venezuela. On n'a pas besoin de toi là-bas, tu n'y retourneras jamais. Je

1. Maria del Carmen fut la première à publier un livre accablant, qui à lui seul eût suffi à empêcher la béatification d'Escriva. Mais son témoignage fut rejeté par le tribunal ecclésiastique dont tous les membres n'offraient pas la garantie de neutralité... Ce récit est tiré de son ouvrage *Tras el umbual, una vida en el Opus Dei*, Ediciones B, 1995.

t'y avais envoyée pour faire avancer les choses et tu t'en es très bien sortie. Mais maintenant, malheur à toi pour la faute que tu as commise ! Il vaut mieux que tu n'y retournes plus jamais. »

Sa voix résonna étrangement dans cette assemblée et tout le monde se tourna vers elle, l'air étonné et plein de reproches, lorsqu'elle dit avec le plus grand respect :

« Père, j'aimerais vivre et mourir au Venezuela. »

Monseigneur Escriva se leva d'un bond et cria furieux :

« Non et non ! C'est compris ? Tu n'y retourneras pas, parce que je le veux et que j'ai le pouvoir de donner des ordres à celle-ci, celle-ci et à toi-même, monstre d'orgueil ! »

Debout, il désignait du doigt chacun des assistants. Il hurlait :

« Tu n'y retourneras pas ! »

Soudain, ce fut comme si des écailles lui tombaient des yeux. Elle lui répondit :

« Père, c'est très dur pour moi. »

Il cria en se frappant la poitrine :

« Si c'est dur pour toi, pour moi, c'est encore plus dur de ne pas retourner en Espagne ! Et je reste là à Rome, épuisé ! Si toi tu aimes le Venezuela, j'aime encore plus l'Espagne ! Force-toi ! »

Monseigneur Escriva se leva et tous l'imitèrent. Il se dirigea vers la chapelle des Reliques, se retourna et dit, haletant :

« En plus, c'est de l'orgueil ! Je vais célébrer la messe et je prierai pour toi. Reste un moment dans l'oratoire. »

Et il s'en alla.

9

Du travail à l'activisme

Dans les quelques textes du fondateur publiés : *Amis de Dieu, Quand le Christ passe, Entretiens*, le mot « efficacité » apparaît cent soixante-dix-neuf fois. Étendue aux documents tenus secrets, la recherche donnerait des résultats plus impressionnants encore. L'efficacité revient comme un refrain dans la prédication orale des responsables de l'Opus Dei : « Nous serons efficaces si... », « Prenons la résolution efficace de... », « Ayons le désir efficace de... », « Soyons des instruments efficaces », « Servir Dieu avec efficacité », « La condition de l'efficacité, c'est... », « Faire une prière efficace », « Les moyens pour être efficace », « L'efficacité apostolique ».

Cette exigence fait peser en permanence sur chacun des membres une obligation de résultat qui s'évalue au quotidien, lors de l'examen de conscience. Le fait de reconnaître sa propre inefficacité étant le chemin vers l'humilité, tout manquement constaté pousse l'adepte à redoubler d'efforts.

L'appartenance à l'Œuvre fait reposer sur chacun la responsabilité du prestige de la communauté. Celui-ci passe évidemment par la réussite professionnelle et sociale des opusiens. En interne, la place de chacun se justifie en termes d'efficacité et de nécessité, avec tout ce que cela implique de compétition.

Cette efficacité est constamment évaluée. Si d'aventure les directeurs estiment que la profession d'un membre n'est pas très « efficace » : danger ! Si la maladie en frappe un autre : danger ! Les directeurs patienteront un certain temps, mais, à la longue, voudront résoudre le problème « efficacement », en invitant la personne à se mettre davantage au service de l'Œuvre, ou à la quitter.

Sous couvert d'un cheminement spirituel, l'Opus Dei développe en réalité un programme de conquête imprégné d'une forte idéologie matérialiste. Cette spiritualité, qui lie sainteté et performance, évoque une sorte de calvinisme catholique aux relents de croisade évangélique. L'optimisation constante transforme effort et persévérance en activisme forcené. Repos, distraction, détente mènent à la perdition et, comme tels, sont méprisables, et donc interdits. Un bon disciple n'est jamais au terme de son labeur, il doit travailler tout le temps.

> Celui qui peut travailler comme cinq, qu'il travaille comme huit[1].

1. Saint Josémaria, *Instruction pour les directeurs*, 31 mai 1936 (publiée et probablement rédigée en 1967), n° 84.

Le Seigneur nous demande toujours plus : plus, plus, plus, nous répétait notre Père. Parfois seulement un petit effort. Parfois, un plus grand effort, mais toujours aller plus loin[1].

Saint Josémaria met en place une stratégie de l'effort, tendue vers des objectifs impossibles à atteindre. On imagine aisément la pression dans laquelle vit une personne dont on exige tout au nom de Dieu, à qui on demande systématiquement davantage que ce qu'elle peut donner. Cela génère angoisse, remords, mésestime de soi, etc. Le slogan « plus, plus, plus » est systématiquement utilisé dans la direction spirituelle. Il faut réciter plus de prières, travailler plus, faire plus d'apostolat. D'ordinaire, la plupart des gens peuvent juger eux-mêmes de leur propre capacité de travail et décider de ce qu'ils peuvent accomplir. Pas dans l'Opus Dei :

Certes, chacun doit parcourir de manière très personnelle le chemin de la vocation à l'Œuvre, mais sans sortir de l'esprit de don total à Dieu que notre Père nous a transmis. On ne peut se fabriquer un chemin à la mesure de son propre manque de générosité (de « ma faiblesse », de « ma petitesse »...). Si l'on agissait ainsi, la vie cesserait d'être une réponse à Dieu et ne serait qu'une réponse aux exigences de sa propre vanité, de la facilité, de la luxure, en somme une réponse à son propre égoïsme. La garantie sûre pour que cela

1. *Expériences sur la manière de mener l'entretien fraternel*, 19 mars 2001, p. 83.

n'arrive pas est de se laisser guider avec exigence dans la direction spirituelle[1].

Vouloir prendre en compte ses propres capacités est considéré comme « de la facilité », « un péché de paresse ». Chaque nouvelle recrue doit se conformer au standard créé par le fondateur :

> Un enfant de Dieu, dans l'Opus Dei, ne peut jamais désirer vivre un régime d'exception : nous devons vivre au même régime que les autres[2].

L'unique règle imposée à tous est de travailler, travailler encore et toujours. Les directeurs doivent s'assurer que tous les membres de l'Œuvre ont toujours un travail en cours, une tâche qui les occupe en permanence :

> Luttez contre la compréhension excessive que chacun a envers soi-même. Soyez exigeants envers vous-mêmes ! Parfois, nous pensons trop à notre santé, au repos nécessaire pour nous permettre de reprendre le travail avec de nouvelles forces. Mais le repos – je l'ai écrit il y a déjà bien longtemps – ne consiste pas à ne rien faire : sinon à se distraire dans des activités qui exigent moins d'efforts[3].
>
> Il ne suffit pas d'organiser le travail, il faut aussi organiser le repos. On vous donnera les instruc-

1. *Ibid.*, p. 22.
2. Saint Josémaria, *Seul avec Dieu*, n° 191.
3. Saint Josémaria, *Amis de Dieu*, éditions Le Laurier, 2000, n° 62.

tions opportunes sur la nécessité et la manière de se reposer[1].

Ces instructions opportunes sont les suivantes : les numéraires n'ont pas le droit d'aller au cinéma, ni au théâtre, ni au concert, ni au stade pour voir un match, indépendamment du coût de l'entrée. Dans leur centre, ils ne sont pas autorisés à posséder des écouteurs pour entendre de la musique. Ils ne peuvent pas non plus regarder de films ou jouer à l'ordinateur, au ping-pong, aux cartes ou aux échecs. Après une journée de travail, il est permis de s'emparer d'un journal – lu auparavant par le directeur, ciseaux en main, pour découper tout décolleté trop profond ou autres éléments inconvenants –, cela pendant quinze minutes, pour se consacrer ensuite à une activité utile comme lire un livre (autorisé, bien sûr), prier ou étudier. Il est interdit de faire la sieste ou la grasse matinée, on ne peut aller se coucher plus tôt que sur autorisation expresse du directeur. On appelle cela le « profit du temps ». À la longue, ce régime se révèle très éprouvant, autant pour l'esprit que pour le corps. Perpétuellement sous tension, toujours aux aguets, orientés vers un but inaccessible, nous nous effarons de notre inefficacité, entrant en lutte avec nous-même pour tout, au quotidien.

---

1. Saint Josémaria, *Instruction pour les directeurs*, 31 mai 1936 (publiée et probablement rédigée en 1967), n° 85.

Avant de sortir de l'Opus Dei, j'étais tellement épuisé par cette vie que je n'avais même plus la force de lire mes livres préférés. Je ne pouvais pas non plus prendre le risque de m'allonger dix minutes sur mon lit, de peur d'y être surpris et réprimandé. Il m'est arrivé de regarder des films en cachette, mais la peur d'être surpris m'a privé de la détente espérée... La détente ne peut être que la même pour tous, elle est programmée :

> Tous s'efforcent de faire une excursion par mois et une promenade une fois par semaine[1].
>
> Si, pour des raisons vraiment raisonnables (professionnelles, culturelles, etc.), quelqu'un veut regarder un programme de télévision, il peut le voir avec la permission du conseil local, en prenant soin de ne pas déranger le travail ou le repos des autres[2].
>
> On peut également projeter un film de temps en temps, à la fréquence indiquée par la commission régionale[3].

Chaque centre est équipé d'une télévision, sous clef. Outre les informations et certains matchs de foot de la ligue des champions, on ne la regarde pas. Le vicaire de l'Opus Dei en

1. *Expériences du travail apostolique,* 6 octobre 2003, p. 94.
2. *Ibid.*, p. 98.
3. *Ibid.*, p. 97.

France a décrété que la fréquence acceptable pour la projection d'un film dans un centre, est d'une fois par mois. Il prend soin de publier la liste des films autorisés. Les films contenant un langage grossier ou des scènes d'amour sont bien entendu bannis. D'autres le sont pour des raisons qui m'ont toujours échappé.

On trouve dans tous les centres de l'Œuvre des statuettes d'ânes disposées ici ou là. Le travail humble et efficace de la bête de somme faisant tourner la roue pour extraire l'eau des profondeurs de la terre fascinait le fondateur. Il représentait pour lui un modèle à donner en exemple : accomplir sans tourner la tête ni en attendre de récompense, jusqu'à l'épuisement.

> Nous devons avoir le désir de mourir vieux, pressés comme des citrons[1].

> Il faut se donner totalement, renoncer totalement à soi : le sacrifice doit être holocauste[2].

On peut craindre qu'une telle ascèse n'aboutisse à l'autodestruction. Dans l'enseignement de saint Josémaria, il faut se sacrifier pour les autres à tel point que l'on cesse soi-même d'exister.

---

1. Saint Josémaria, cf. Don Alvaro, *Notre Père du Ciel*, 26 juin 1975, p. 29.
2. Saint Josémaria, *Chemin*, *op. cit.*, n° 186.

Il faut savoir se défaire, se démonter, s'oublier ; il faut savoir se consumer devant Dieu par amour pour l'humanité et par amour pour Dieu, comme ces bougies qui se consument devant l'autel, qui fondent en éclairant jusqu'au bout de leur flamme. Je vous emmène, mes enfants, vers des chemins plus hauts, de longs chemins. Et je désire, comme pénitence pour mes enfants, qu'ils sachent se donner. Nous ne saurons vraiment nous donner à Dieu que lorsque nous aurons appris à nous oublier nous-mêmes et à servir les autres. Ce chemin sera vraiment divin, parce qu'il s'enracine dans l'humilité. Et Dieu le récompensera[1].

Catherine
(Espagne, 13 mai 2002)

J'ai été membre de l'Opus Dei, en qualité de numéraire auxiliaire, pendant sept ans. C'est une publicité dans la presse locale pour une école hôtelière qui me fit connaître l'Opus Dei. Elle offrait un diplôme d'administration de foyer et de cuisine aux jeunes filles. Les intéressées devaient passer deux entretiens : l'un à la maison et l'autre dans un centre de l'Opus Dei. L'Espagne connaissait alors une forte récession économique, le taux de chômage était élevé. La garantie de contrats fixes à la sortie de l'école a convaincu mes parents de m'envoyer dans cette école privée.

1. Saint Josémaria, méditation, 16 février 1964.

C'est ainsi qu'à l'âge de quinze ans je commençai mes cours d'hôtellerie. Quatre mois plus tard, je devins numéraire auxiliaire.

J'ai été recrutée de la manière habituelle. Ma famille vivait une épreuve particulière que j'avais signalée durant mes discussions avec les directrices. Elles ont commencé à me suggérer que je prie pour ma famille, que je me confesse toutes les semaines, que je communie tous les jours, et bien d'autres choses encore. Elles m'ont dit que si je suivais la volonté de Dieu, la situation de ma famille s'améliorerait, que j'avais déjà la vocation sans le savoir. Elles me disaient que je serais malheureuse le reste de ma vie si je ne faisais pas ce que Dieu me demandait et que le problème de ma famille s'aggraverait. J'étais terrorisée au moment où j'ai « demandé l'admission » durant la semaine sainte à Rome, pendant un camp qui s'appelle l'UNIV. À mon retour, les directrices me séparèrent des autres étudiantes des cours d'hôtellerie. Le courrier que j'écrivais et celui que je recevais fut censuré, mes appels téléphoniques contrôlés et mes affaires personnelles fouillées. Je devais présenter les comptes de mes dépenses et remettre le peu d'argent qui me restait.

Mais ce qui m'a le plus dérangé à cette époque, c'est la manière dont l'Opus Dei surveillait et dirigeait ma relation avec ma famille. On me disait ce que je pouvais ou ne pouvais pas écrire dans mes lettres et ce que je devais dire quand je leur parlais au téléphone. Il y avait toujours une numéraire à côté de moi quand un membre de ma famille m'appelait, écoutant ce que je disais et me demandant, une fois le téléphone raccroché, de lui répéter ce que disait mon interlocuteur.

Il est inutile de préciser que ma famille ignorait totalement le fait que j'étais devenue membre de l'Opus Dei. Les directrices m'avaient indiqué que je pourrais le leur communiquer à la fin de ma formation. En attendant, elles me demandaient de mentir quand j'allais les voir pendant les vacances. Au retour de ces séjours dans ma famille, les directrices me demandaient où j'avais dormi, ce que j'avais dit, quels journaux j'avais lu.

Ma famille perçut un grand changement dans mon comportement. Toute ma gaieté avait disparu. Je devenais méfiante, introvertie.

À la fin de la formation, les directrices m'indiquèrent la manière dont je devais annoncer à mes parents ma décision imminente d'entrer dans l'Opus Dei. Quand mes parents l'apprirent, ils furent furieux. Ma seule réponse au roulement ininterrompu de leurs questions était : « Telle est la volonté de Dieu. » Très attristés, ils me permirent de repartir au centre pour passer les examens, avec l'espoir que je change ma décision. Mais l'Opus Dei m'envoya dans un autre centre où vivaient de nombreuses numéraires auxiliaires et quelques numéraires s'occupant de l'administration d'immeubles et de résidences de l'Œuvre.

Peu à peu, ma situation de numéraire auxiliaire commença à m'inquiéter. On ne m'avait jamais parlé des responsabilités qui m'incomberaient, me disant juste que les numéraires et les numéraires auxiliaires étaient à égalité, bien que leurs travaux soient différents. Je réalisais que ma vie dans l'Opus Dei allait consister en de longues et pénibles heures de travail, sans aucune vie sociale.

En outre, il était clair que nous n'étions en aucune manière à égalité avec les numéraires ! Nous appartenions à des classes différentes. Elles portaient des vêtements de qualité alors que nous étions revêtues d'un uniforme et d'un tablier blanc. Nous étions autorisées à nous habiller normalement en sortant du centre, mais avec des vêtements d'occasion, à bas prix. Les numéraires prenaient leurs repas à part. Nous mangions les restes. Nous les servions à table, vêtues d'un uniforme noir à manches longues, col, poignets, et coiffe blanche amidonnée et tablier. Leur linge, leur vaisselle, leurs meubles étaient de qualité. Elles disposaient de chambres individuelles alors que nous dormions dans des dortoirs, utilisant les salles de bains communes.

Dans les pays où l'Opus Dei est très représentée, comme l'Espagne ou l'Italie, les deux classes de numéraires utilisent même des oratoires distincts, les uns richement décorés, les autres plus simples, tout en bois. Les numéraires auxiliaires accèdent au centre par des portes de service, généralement situées à l'arrière des bâtiments.

Les différences entre les deux classes ne sont pas seulement matérielles. Le Catéchisme de l'Opus Dei nous définit ainsi : « Il y a d'autres numéraires qui ont un travail manuel et s'occupent des centres de l'Opus Dei. On les appelle servantes. » Le nom de servante a été supprimé. On utilise maintenant simplement le terme d'auxiliaire.

Alors que les numéraires viennent du milieu universitaire, les auxiliaires sont recrutées dans les milieux ruraux, pauvres ou modestes. Elles ne peuvent jamais occuper de postes à responsabilité ni travailler en dehors des centres de l'Opus Dei. Le fondateur de l'Opus Dei les considérait comme ayant des capacités intellectuelles limitées. Aussi, pendant les cours annuels, alors que les numéraires suivent des enseignements de théologie, de philosophie et de droit canon, les numéraires auxiliaires reçoivent des cours d'hygiène, de lecture et d'écriture basiques, ainsi qu'une instruction religieuse élémentaire.

Escriva devait les croire incapables de sentiments ou d'émotions. Il interdisait par exemple aux numéraires de prendre un bébé dans les bras, de peur que ce geste ne réveille leur instinct maternel, mais le permettait aux numéraires auxiliaires. Étions-nous si différentes ?

Les directrices nous répétaient constamment que nous étions « les mères » des membres de l'Opus Dei. Pour sûr ! Nous faisions leur cuisine, leur ménage et leur repassage du matin au soir, sept jours par semaine, cinquante-deux semaines par année, et ainsi année après année !

Escriva aimait appeler les numéraires auxiliaires « mes petits enfants ». Il est évident qu'il suscitait en elles une attitude infantile. Maria del Carmen Tapia[1] *disait qu'elle avait parfois honte de voir ces femmes se comporter comme si elles*

1. Voir son témoignage plus haut.

avaient treize ans. Mais les directrices nous y incitaient : nous ne pouvions jamais rester seules. Où que nous allions, des numéraires devaient toujours nous accompagner, et cette règle s'appliquait à l'extérieur comme à l'intérieur du centre ! Nous ne pouvions ni posséder ni manier de l'argent, quel que soit le montant. Les numéraires réglaient les achats à notre place.

Voilà ce qu'a été ma vie à l'Opus Dei. Je n'avais que très peu accès au monde extérieur. Les journaux qui nous arrivaient étaient censurés et la télévision éteinte si le programme que nous regardions était classé comme « inapproprié » par certaines numéraires strictes qui avaient le pouvoir d'allumer et d'éteindre le poste.

Elles se moquaient souvent de nos manières campagnardes. Citadines, elles raillaient nos accents, nos patois ou nos traditions. Lorsque nous étions victimes de leur caractère, nous n'avions évidemment pas le droit de leur adresser des « corrections fraternelles ». De toute façon, la directrice prenait toujours leur parti.

Dans cette vie cloîtrée, il y avait bien peu de place pour l'individualité ou la créativité... Nous menions une vie très réglementée. Certaines contradictions m'apparaissaient entre ce que je vivais et ce que l'on enseignait et je commençai à poser des questions. La menace de l'enfer qui m'attendait si je persévérais dans de telles pensées me fit me tenir tranquille. Mon manque d'instruction me rendait incapable de répondre.

Un jour, cependant, j'ai cessé de supporter tout cela. Incapable de comprendre les contradictions que j'observais autour de moi, je sentais confusément qu'il y avait des choses qui n'allaient pas. Escriva était plus vénéré que Dieu lui-même ! Il se passait parfois des semaines sans qu'on entende le mot « Dieu ». C'était toujours « le fondateur », « le Père » et « notre Père ».

Un matin pluvieux et venteux, j'ai quitté le centre et mes amies numéraires auxiliaires. La numéraire qui m'accompagnait à l'arrêt de bus jeta ma valise par terre et s'éloigna sans me dire adieu. Elle s'était consacrée à Dieu ! En montant dans le bus qui me conduisait chez mes parents, je m'aperçus que je n'avais même pas de quoi acheter un billet... J'arrivai chez moi confuse, coupable, profondément blessée. Ma famille me tendit les bras. Peu à peu je me rendis compte que le monde n'était pas si cruel ni si diabolique que l'Opus Dei le prétendait. Il y avait beaucoup de bonnes gens à l'extérieur.

Au début, j'ai essayé de surmonter les séquelles de mon séjour dans l'Opus Dei. Je pensais pouvoir m'adapter. Mais j'avais été totalement privée de relations avec le monde extérieur, j'ignorais tout des actes de la vie courante et manquais totalement de confiance en moi. J'eus rapidement besoin de conseils, d'accompagnement. Je fus longue à retrouver un peu d'assurance.

Je retournai à l'école, finis mon éducation secondaire, entrai à l'université et obtins un diplôme académique. J'espère passer une maîtrise dans les années qui viennent. Maintenant j'ai un travail qui me plaît, une maison, une voiture, et des amis.

Beaucoup de numéraires auxiliaires vivent des expériences très proches de ce que je raconte ici. Je regrette que les droits de l'homme continuent à être piétinés par l'attitude et les règles de l'Opus Dei, et que des femmes vulnérables y soient exploitées au nom de Dieu. J'en connais beaucoup, qui bien que malheureuses et malades, continuent à tout donner d'elles-mêmes à cette organisation. J'ai été personnellement le témoin d'automutilations et je continue à entendre parfois la nuit des bruits de pleurs étouffés. Dépressions et troubles alimentaires étaient courants. Certaines numéraires auxiliaires, qui ne pouvaient physiquement plus travailler, ont été expulsées sans aucune explication, sans argent, parfois même sans domicile.

Beaucoup se taisent. Peut-être par manque de préparation ou à cause du sentiment de culpabilité qui leur a été inculqué, mais aussi par peur de la réaction des membres de l'Opus Dei et de leur capacité à attaquer ceux qui osent les critiquer.

Je vous supplie de prendre en considération la vie de ces femmes isolées, vulnérables et oubliées. Nous devons leur donner la parole.

S'il vous plaît, priez pour elles.

10

Du paternalisme au contrôle

Josémaria Escriva s'adresse comme un père à ses enfants. Il sait ce qui est bon pour eux et s'efforce de les conduire avec fermeté dans la direction qu'il a choisie.

Contrôle de la pensée et des émotions

La première vertu humaine d'un chrétien est la sincérité[1].

Les manifestations essentielles de l'humilité des membres de l'Œuvre doivent être la sincérité, la droiture d'intention et l'esprit de service[2].

Voilà ce qu'est une sincérité parfaite : celle qui est unie à la docilité et à la lutte concrète sur des points que l'on nous a signalés[3].

---

1. Saint Josémaria, Réunion, 8 avril 1971.
2. *Catéchisme de la prélature de la Sainte-Croix et Opus Dei* (édition 2003), n° 136.
3. Don Alvaro, *Lettres de famille (3)*, n° 57.

Le lien confus établi entre humilité, sincérité et docilité, n'a qu'un but, celui d'obtenir l'obéissance absolue et entière de l'adepte. Penchons-nous davantage sur la vertu de sincérité, telle que l'exige le fondateur, car il ne s'agit pas de se contenter de dire la vérité, il faut en outre exposer minutieusement toutes ses pensées et tous ses sentiments. Il faut devenir transparent, révéler les pensées les plus intimes, les plus secrètes.

> Ne vous accordez rien sans le dire, il faut tout dire. Sinon, le chemin devient ardu[1].

> La première chose à dire, c'est ce que l'on voudrait ne pas dire[2].

Interdire le jardin secret jusqu'à ce que l'adepte supprime de lui-même ses propres fleurs, au profit des graines qui lui seront données à planter...

> Nous devons faire connaître à ceux qui ont la mission de nous former toutes nos circonstances personnelles. Nous ne pouvons craindre que l'on nous voie comme nous sommes. Au contraire : nous devons nous réjouir d'avoir une âme transparente[3].

---

1. Saint Josémaria, Lettre *Videns eos*, 24 mars 1931, n° 39.
2. Saint Josémaria, tertulia, 17 octobre 1967, *Crónica* XII-1967, p. 42.
3. Saint Josémaria, Lettre *Videns eos*, 24 mars 1931, n° 41.

Un membre appartient tout entier à ses directeurs, il ne peut rien se réserver de lui-même. Laissons saint Josémaria préciser lui-même ce qu'il attend de ses enfants :

> Mes enfants, tout égarement commence par la résistance à avouer une chose humiliante, derrière cela se cache un manque de simplicité. Toute rupture avec le désir de suivre le Seigneur joyeusement commence toujours par la tristesse de ne pas avoir parlé à temps[1].

Un membre émet le désir de quitter l'Opus Dei ? Ce ne peut être qu'en raison de son manque de transparence dans la direction spirituelle. Inversement, si l'on est *transparent*, on ne quitte pas l'Opus Dei. D'où vient cette certitude ? Nous le verrons plus loin.

Javier
(25 octobre 2003)

Moi aussi, je suis entré dans l'Opus Dei à quatorze ans et demi. J'avoue que je n'aimais pas trop les rencontres, les matchs de foot et les randonnées à la montagne organisés par l'Opus. J'aimais pratiquer toutes ces activités, mais avec mes copains d'enfance ! Au club, je me sentais mal à l'aise. J'étais pratiquant, ça oui. J'allais à l'école chez les Jésuites, j'étais un garçon docile, je travaillais

1. Saint Josémaria, Lettre, 14 février 1974, n° 22.

plutôt bien. Mes parents étaient surnuméraires et si Dieu m'avait choisi pour être numéraire de l'Opus Dei, il m'était difficile de refuser… J'avais toujours espéré que ça tombe sur un autre… Mais non. L'élu, c'était moi.

Quand j'étais « attaché », c'est-à-dire jeune numéraire n'habitant pas encore dans un centre, je réalisais déjà que ma vie était totalement sous contrôle et qu'en plus je perdais mes meilleurs amis. Je me sentais asphyxié : ces appels téléphoniques incessants à la maison, ce jour où pour la première fois au cours annuel on me donna mon courrier déjà ouvert, et où l'on m'expliqua que je devais remettre mes lettres au directeur sans les fermer ! Tous ces matins où je devais me lever à l'aube pour la prière et assister à la messe au centre. Et après l'école, il fallait retourner encore au centre. Y aller le samedi, le dimanche… Et demander la permission pour tout… Et toutes ces corrections fraternelles stupides… Toujours ces fameux « Viens, qu'on te dise ceci », « Tu as un petit moment ? ». Et chaque jour je me demandais : « Mais qu'ai-je fait pour mériter ça ? »

Comment saint Josémaria obtient-il cette transparence ?

> L'amour de la liberté et de la responsabilité personnelle propres à notre esprit se manifeste également dans le critère qu'il faut avoir envers les lettres que reçoivent mes enfants : tous les membres de l'Opus Dei savent qu'ils peuvent recevoir des lettres de n'importe où. […]

Ensuite, chacun décide avec sa conscience s'il doit montrer ou non une lettre au directeur, en tenant compte qu'il doit – sans aucun doute – montrer les lettres dont il aimerait cacher le contenu, quel qu'en soit le sujet. Ceux qui n'agissent pas ainsi doivent savoir qu'ils ne peuvent tromper Dieu, et ils doivent prendre conscience de leur erreur.

Cependant, mes plus jeunes enfants dans l'Opus Dei seront reconnaissants envers les directeurs qui prennent soin d'eux avec affection – comme un moyen de plus de formation – en lisant les lettres qu'ils reçoivent afin de les orienter, de leur donner un conseil, de leur éviter une contrariété non nécessaire, etc.

Le fait de recevoir une lettre qui a été ouverte n'est pas considéré comme un manque de confiance : cela répond à une nécessité ascétique, ou à une mesure qui facilite le travail de formation et qui lui est utile. De plus, il faut tenir compte que les directeurs ne commentent jamais à d'autres les lettres qui arrivent. Par contre, ils peuvent, et dans de nombreux cas ils le doivent, échanger des impressions avec les autres membres du gouvernement local[1].

Le principe est bien toujours le même, l'apparente liberté est assortie d'une telle charge de culpabilité que l'adepte en vient à obéir de lui-même à une exigence qui viole son intimité.

1. Saint Josémaria, *Instruction pour les directeurs*, 31 mai 1936 (publiée et probablement rédigée en 1967), n° 75-76.

De l'obéissance à la soumission

Examinons maintenant les champs d'application de l'*obéissance*, fondement de l'attachement à l'Œuvre :

> La vertu chrétienne de l'obéissance oblige les fidèles de l'Opus Dei à accepter avec diligence et méticuleusement les suggestions, dispositions et conseils des directeurs de l'Opus Dei sur tout ce qui touche leur vie spirituelle et leur travail apostolique[1].

> La matière de la direction spirituelle, dans son sens le plus large, englobe le comportement extérieur et les dispositions intérieures en regard de la foi et de la morale, de l'esprit de l'Œuvre et de l'apostolat[2].

Le contrôle envers les membres s'exerce sur leur vie à l'extérieur du centre, à l'intérieur du centre, et sur leur vie intérieure tout court. Il est total ! Et d'autant plus pernicieux que la direction spirituelle, qui attire les membres à l'Œuvre, devient le lien qui les inféode. Il va sans dire qu'une telle conception de la direction spirituelle est en contradiction avec ce qui se pratique dans l'Église.

En outre, cette soumission personnelle se double de l'obéissance via l'apostolat :

1. *Catéchisme de la prélature de la Sainte-Croix et Opus Dei* (édition 2003), n° 141.
2. *Ibid.*, n° 212.

> L'apostolat personnel des fidèles de l'Opus est dirigé, afin qu'ils ne travaillent pas dans l'anarchie : chacun reçoit des directeurs les orientations spirituelles opportunes[1].

Il faut mesurer l'impact de ces mots du fondateur sur la vie des membres ! Dès qu'un nouveau entre dans l'organisation, son directeur décide du temps qu'il peut passer avec telle personne – en fonction d'un recrutement possible –, qui il peut inviter au centre, qui il a le droit de fréquenter, etc. C'est également le directeur qui décide de la rupture d'une relation avec un ami si celui-ci ne lui paraît pas présenter un intérêt pour l'Œuvre. Il n'a pas à justifier, expliquer ou même invoquer la vertu d'obéissance, l'intéressé doit comprendre au quart de tour la moindre incitation de son supérieur :

> L'ordre le plus fort est « s'il te plaît » ou quelque chose de semblable[2].

L'obéissance bien comprise permet un contrôle aussi systématique qu'absolu :

> On doit accepter les indications précises données dans le domaine du travail, de la famille, dans les obligations sociales, dans l'utilisation de la télévision ou des lectures, dans les manifestations de

1. *Ibid.*, n° 276.
2. *Ibid.*, n° 143.

tempérance et de détachement, dans les objectifs apostoliques[1]...

L'Opus Dei intervient non seulement dans la vie professionnelle, sociale et familiale de ses membres, elle décide de leur manière de s'habiller, de se coiffer, de ce qu'ils peuvent regarder à la télévision, de ce qu'ils peuvent lire, acheter, de leur manière de s'asseoir...

Gabriela
(Argentine, 13 février 2006)

Je n'ai jamais appartenu et n'appartiendrai jamais à l'Opus Dei. J'ai été fiancée à un garçon dont les parents étaient surnuméraires. Cette relation m'a permis de constater que ces gens étaient si fermés et si méprisants envers les autres institutions catholiques, qu'il m'était difficile de les considérer comme des frères dans la foi.

J'ai rompu nos fiançailles six mois avant la date du mariage. Tant que celles-ci consistaient à sortir ensemble, à faire des balades romantiques main dans la main, à discuter de petites choses en amoureux, tout allait bien. Nous allions ensemble à la messe, même s'il n'aimait pas y assister dans ma paroisse, préférant une autre église où il y avait des prêtres auxquels il faisait « entièrement confiance » et qui, eux, prédiquaient bien. Il criti-

1. Saint Josémaria, Lettre, 9 janvier 1959, n° 33.

quait d'emblée ceux qui n'utilisaient pas la soutane ou la tenue de clergyman.

Je n'aimais pas cette manière de penser mais j'étais très amoureuse. Je sentais que je déplaisais à sa famille. J'avais décliné plusieurs invitations de sa mère à des réunions ou à des méditations, prétextant mes études ou des réunions familiales : j'eus droit en retour à un accueil courtoisement froid chaque fois que je leur rendais visite. Ses frères – cinq en tout – se montrèrent toujours réservés, ne cherchant jamais à partager une joie ou une difficulté. Tous étaient bien éduqués, raffinés, mais très distants.

Puis, mon fiancé voulut que je me confesse à un prêtre de l'Œuvre : je refusai parce que j'avais déjà mon confesseur à la paroisse, qu'il détestait parce qu'il était « tiers-mondiste ». Il insista pour que j'assiste à plusieurs réunions féminines de l'Opus Dei. Mon stage m'occupant de longues heures, je pus m'épargner ces méditations.

Sa demande en mariage me combla de bonheur, mais nos premiers conflits apparurent à l'occasion de l'organisation de notre cérémonie de mariage, puis au sujet de l'éducation de nos enfants... il considérait qu'une femme pouvait exercer une profession et gagner de l'argent, mais que le foyer et les enfants restaient une priorité absolue. Il ne supportait pas de discussion à ce sujet.

Je terminai mes études en architecture du territoire avec de très bons résultats et j'aimais vraiment mon métier. Même si pour moi le foyer et les enfants étaient importants, je ne pouvais me résoudre à me consacrer exclusivement à leur éducation, ni accepter son manque de coopération aux tâches familiales.

Une autre discussion nous opposa quant au nombre d'enfants. Selon lui, un couple devait être ouvert à la vie, les méthodes naturelles de contraception n'étaient admissibles qu'en cas de force majeure. Si dix ou onze enfants devaient naître, il fallait les accueillir, même si l'on avait des difficultés à les nourrir ou pour s'en occuper, avec l'aide de Dieu. Pour lui, l'argument économique ne comptait pas. Moi, il m'inquiétait... Quel emploi une mère de dix ou onze enfants peut-elle trouver ? La maternité condamnerait-elle à être une personne de deuxième catégorie, sans autres droits que ceux d'accoucher, laver et cuisiner ? Même si elle gagnait suffisamment d'argent pour être assistée, quelle employée accepterait de travailler dans une maison où tout ménage effectué serait sali instantanément par les enfants qui courent d'un coin à l'autre, où il y aurait des tonnes de linge à laver et repasser, des tonnes de nourriture à préparer et un brouhaha exaspérant de nourrissons pleurant à toute heure ?

J'avoue être gênée par les familles opusiennes. Tant d'enfants conçus par devoir plutôt que par désir... Dieu nous a mis sur terre pour nous multiplier, mais aussi pour que nous nous accomplissions en tant que personne. S'il ne s'agissait que de se reproduire, nous serions comme des animaux.

Le fait qu'il veuille que les enfants aillent dans les écoles de l'Opus Dei provoqua la rupture définitive.

J'avais déjà entendu parler de ces écoles onéreuses et élitistes, où l'éducation dispensée était incomplète et plutôt déficiente. Une de mes voisines finit par m'ouvrir les yeux en m'avertissant : « Attention avec eux, ce sont des conquistadors de vocations : ils ont comme ensorcelé le fils d'une amie au point qu'il est parti de la maison à la fin du lycée et qu'il ne peut jamais voir ses parents parce qu'on ne lui en donne pas la permission. »

Lorsque j'en ai parlé à mon fiancé, il est devenu presque violent, me reprochant d'écouter des ragots. Lui-même avait fréquenté une école de l'Opus Dei sans qu'on lui ait jamais proposé d'entrer dans l'Œuvre, l'encourageant seulement à devenir meilleur et à mieux étudier. Comme j'insistais, il finit par admettre qu'on lui avait parlé de vocation, mais qu'on ne forçait personne, que les écoles de l'Œuvre étaient une pépinière de vocations, qu'il n'y avait rien de mal à cela.

Quand je lui ai demandé pourquoi on parlait de vocations à des collégiens, alors qu'à cet âge les enfants ne savent même pas ce qu'ils voudront étudier ni faire dans la vie, il m'a répondu avec un sourire que c'était à cet âge que les enfants devaient être modelés et préparés pour la vie. Il les comparait avec les bonsaïs, auxquels il faut donner une forme très tôt pour qu'ils restent mignons et jolis. Il ajouta cyniquement : « Je t'expliquerai le moment venu comment faire pour que les enfants deviennent accros de l'Opus Dei. »

Je lui ai demandé de ne pas me l'expliquer parce que, s'il le faisait, il admettrait ouvertement que la conscience des adolescents est manipulée, ce qui est contraire aux lois civiles et ecclésiastiques. Les vraies vocations ne sont pas « modelées », mais apparaissent comme une réponse à un appel, naturellement et de manière différente selon les individus.

Ce fut là notre dernière discussion. Troublée, je la racontai à mes parents, avec lesquels je pris le temps d'analyser tous ces éléments.

Quand finalement il est venu me voir, je pleurais sans m'arrêter, sans qu'il ne prononce une seule parole de consolation ou n'ait un geste conciliant. Au contraire, il m'accusait de frivolité, affirmant à nouveau qu'il ne permettrait jamais que ses enfants « soient contaminés » dans d'autres milieux ou dans d'autres écoles, même catholiques. Selon lui, le modernisme faisait dérailler l'Église. L'Opus Dei voulait changer le monde par le haut en agissant sur la conscience de ceux qui ont le pouvoir ou la finance afin qu'ils améliorent le sort des pauvres. Nos enfants participeraient à ce programme en « plaçant le Christ au sommet des activités humaines ».

Je ne sais pas comment j'ai pu parler, mais j'ai fini par dire, entre deux sanglots : « Je n'aurai jamais d'enfants avec toi, jamais. » Avec raideur, il a seulement répondu : « Si je ne suis pas bienvenu... » Et il est parti, sans un mot de plus.

Cette rupture m'a coûté énormément. J'ai mis près d'un an à m'en remettre.

Je ne voulais pas croire que son attitude était représentative de l'Opus Dei, mais je me rends compte que les témoignages ont en commun le fait que ses membres se croient meilleurs, même si leur comportement est en opposition avec la doctrine sociale de l'Église telle qu'elle figure dans les dernières encycliques papales.

Conseils, direction, accompagnement, soutien à la personne, à la famille, l'offre de l'Œuvre intervient opportunément dans une société où chacun se sent isolé, en perte de repères, et dans laquelle tant de valeurs auxquelles beaucoup restent attachés semblent s'évaporer. Mais très vite, ces conseils deviennent un cadre rigide, un canevas de comportements obligatoires, et l'on s'y soumet d'autant plus volontiers dans un premier temps qu'on se sent responsable de leur maintien. Puis, de manière progressive et insidieuse, on devient le gardien de ces valeurs.

Cristina González Alba
(Espagne, 30 janvier 2009)

Hier, avec une amie, nous parlions de la manière dont l'Œuvre s'approprie les enfants des surnuméraires à partir d'un certain âge, c'est-à-dire quand il n'y a plus à changer les couches, leur donner à téter ou les porter dans les bras.

Au début on ne s'en rend pas compte. Nous avons plusieurs enfants et une numéraire reste présente pour aider, conseiller, s'intéresser :

« Tes enfants regardent beaucoup la télé.

— La chambre de ta fille est en désordre. Elle lit Jorge Luis Borges, elle ne devrait pas, elle est trop petite pour ça.

— Vous ne devriez pas aller passer vos vacances sur cette plage.

— Tes enfants devraient aller à ce camp. Ils n'ont pas d'argent ? Qu'ils travaillent un peu et se le payent. À leur âge beaucoup font du baby-sitting ou les vendanges.

— Au fait, qu'elle s'habille un peu mieux.

— Elle est très capricieuse, tu ne devrais pas lui permettre ça. Tu ne trouves pas qu'elle rentre tard à la maison ?

— Tu devrais être plus autoritaire. S'ils ne veulent pas venir au club, pousse-les un peu !

— Pourquoi ne pas les emmener se confesser avec untel ?

— Et elle ne fait pas son lit ?

— Eh bien, si elle n'aime pas, elle n'a qu'à se forcer, il faut apprendre à faire des sacrifices.

— Je dois te faire une correction fraternelle : l'autre jour, X m'a dit qu'elle était venue chez toi à un cercle et qu'il y avait des jouets par terre.

Les numéraires vivent tellement en dehors de la réalité, c'est à briser le cœur. Les familles de surnuméraires sont pour elles un vivier gratuit de futurs numéraires qu'il faut donc éduquer en ce sens, dès le début.

« Ils mangent mal.

— Ils n'ont pas d'horaire ?

— Est-ce qu'elle prie celle-là ?
— Je t'ai apporté un livre pour ta petite fille.

On doit être docile aussi bien dans les grandes choses que dans des détails apparemment insignifiants comme une manifestation de bonne éducation, la manière de s'habiller, de parler ou de se comporter, etc. La docilité sera encore plus nécessaire quand nous aurons du mal à saisir totalement ce qu'on nous dit – parce que nous sommes limités ou qu'il nous manque des éléments pour juger. Parfois, il peut s'agir de détails de bon esprit, de ton humain et chrétien, ou d'un événement particulier[1].

En lisant ces consignes, on ne doit pas oublier qu'elles s'adressent à des laïcs, « appelés à rester des chrétiens ordinaires dans le monde », et non pas à des moines ayant fait vœu d'obéissance !

María Angustias Moreno[2]
(Espagne, 1976)

On raconte souvent dans l'Œuvre une anecdote présentée comme « exemplaire » à propos de l'obéissance. Un jour, le Père était en réunion avec un groupe de numéraires du centre de Rome. Il demanda à l'un des garçons d'aller

1. *Expériences sur la manière de mener l'entretien fraternel*, 19 mars 2001, p. 20.
2. Extrait de *El Opus Dei : anexo a une historia*, Planeta, 1976.

acheter des glaces pour tout le monde et lui dit d'emporter la clé de la maison. Voyant que le gardien était dans sa loge, il ne prit pas la clé et à son retour, il se fit ouvrir la porte. Le Père, qui l'avait entendu sonner, lui dit dès qu'il le vit : « Mon fils, toi et moi, on ne s'entendra jamais. » Il fallait comprendre de cet exemple, répété à l'envi, que le jeune homme aurait dû se contenter d'obéir. Pour que le Père puisse « s'entendre » avec ses enfants, il faut lui obéir, un point c'est tout.

L'obéissance, vertu chrétienne, ici aveugle et sans limites, doit devenir un véritable réflexe, dont tout discernement doit être résolument absent.

Comment doit être notre obéissance ?

— surnaturelle (nous devons toujours voir Dieu dans nos directeurs)

— volontaire

— totale

— rapide

— muette

— énergique

— efficace.[1]

Ou encore :

Obéissez comme un instrument dans les mains de l'artiste, un instrument ne se demande pas

1. Cf. Saint Josémaria, Méditation, 9 mars 1962.

pourquoi il fait ceci ou cela. Soyez sûrs que l'on ne vous demandera jamais rien de mauvais et que tout sera pour la gloire de Dieu[1].

Si vous avez l'impression que ce que l'on vous demande est absurde, dites-le. Si on vous dit de le faire quand même, faites-le pourvu que ce ne soit pas une offense à Dieu, qu'elle soit petite ou grande[2].

De là, le sommet de la pyramide peut tout obtenir de sa base.

Nous devons mettre toute l'énergie de notre intelligence et de notre volonté pour obéir à tout ce qui nous est demandé et seulement ce qui nous est demandé[3].

De l'amour fraternel à la délation

Le devoir de surveiller le comportement de ses frères est confié à tous. Il se concrétise au travers de la *correction fraternelle* : si un membre remarque le comportement « déviant » d'un autre membre, il doit aller voir le directeur pour lui demander l'autorisation de le *corriger*.

---

1. Saint Josémaria, *Chemin, op. cit.*, n° 617.
2. Saint Josémaria, *Seul avec Dieu*, n° 189.
3. Saint Josémaria, Lettre, 6 mai 1945, n° 39 et *Catéchisme de la prélature de la Sainte-Croix et Opus Dei* (édition 1995), n° 138.

La correction fraternelle concerne :

1) les habitudes contraires à l'esprit ou aux normes et coutumes de l'Opus Dei ;

2) les détails touchant au comportement social, à la manière de travailler, l'éducation, etc., indignes du ton chrétien – surnaturel et humain – de l'Œuvre ;

3) les fautes isolées, mais seulement dans le cas où elles peuvent entraîner un grave préjudice pour l'âme de l'intéressé, l'Église ou l'Œuvre[1].

Dans l'Évangile, la correction fraternelle se réfère à des fautes graves qui menacent le salut de l'âme : « Si ton frère a péché, va et reprends-le entre toi et lui seul. S'il t'écoute, tu as gagné ton frère. Mais, s'il ne t'écoute pas, prends avec toi une ou deux personnes, afin que toute l'affaire se règle sur la déclaration de deux ou de trois témoins. S'il refuse de les écouter, dis-le à l'Église ; et s'il refuse aussi d'écouter l'Église, qu'il soit pour toi comme un païen et un publicain » (Mt 18, 15-17).

Au sein de l'Opus Dei, la correction fraternelle vise davantage à obtenir un comportement. Aussi intervient-elle si l'on ne s'est pas rasé le matin, si l'on a fait une sieste l'après-midi, pris un goûter le samedi après-midi (ce qui irait à l'encontre de la mortification particulière à ce jour), porté un tee-shirt au lieu d'une chemise, mangé une pomme avec les doigts

1. *Catéchisme de la prélature de la Sainte-Croix et Opus Dei* (édition 2003), n° 228.

sans couteau ni fourchette, acheté ceci ou cela, etc.

Chaque membre a un jour de la semaine désigné, le jour de garde, où il doit chercher à faire des corrections fraternelles. Lors de la direction spirituelle, l'objectif de faire trois corrections fraternelles dans la semaine est souvent prescrit. À chacun de se creuser la cervelle et de déceler le détail futile qui lui permettra d'obéir !

C.F.
(Argentine, 12 août 2003)

Un jour, au cours d'une réunion, nous évoquâmes les travaux de l'oratoire de la commission qui étaient presque achevés. J'étais plutôt bricoleur et, à ce titre, faisais partie de l'équipe qui installait le « Chemin de croix ». Alors que tout le monde s'extasiait sur le nouvel oratoire, je remarquai à voix haute que son ornementation me paraissait bien trop chargée. À l'issue de la réunion, un directeur me fit une correction fraternelle : « Comment pouvais-je critiquer l'ouvrage, alors même que ses plans avaient été approuvés par le vicaire régional ? »

J'ai toujours eu l'impression qu'il y avait deux types de corrections fraternelles, celles qui relèvent un simple manquement au comportement : « Ne parle pas si fort dans la salle à manger » et celles qui induisent un jugement moral : « Ne parle pas si fort dans la salle à manger, cela montre que tu cherches à te faire remarquer. »

Je me souviens de ma deuxième correction fraternelle, elle relevait de la deuxième catégorie. On me dit que « je devais plier les nappes avec plus de soin, car mon inapplication montrait mon manque d'amour pour Dieu ». Je crus rêver et allai voir le directeur, qui me confirma avoir donné son accord pour que cette correction fraternelle me soit adressée en ces termes. Je répondis avoir appris dans l'Œuvre et de la bouche même du fondateur, que « Dieu seul est juge » et donc ne pas voir très bien le rapport entre le fait de plier une nappe et mon amour de Dieu ? Et s'il y en avait un, Dieu me jugerait et non pas celui qui m'avait fait la correction fraternelle, ni même le directeur. Celui-ci me demanda si je cherchais le conflit ? Je répondis aussitôt que je ne discutais pas le bien fondé de cette correction, que j'avais naturellement beaucoup à apprendre avant de devenir un plieur de nappes professionnel, mais j'avais eu cependant l'impression que le jugement portait davantage sur ma personne que sur mon comportement. Cela n'allait-il pas à l'encontre de l'esprit de l'Œuvre ?

Ces corrections fraternelles se répétèrent souvent : ma façon de m'asseoir à l'oratoire « révélait un manque d'esprit de prière », le choix d'un fauteuil pour assister à la réunion « montrait mon manque de mortification », terminer une norme le soir, au dernier moment, juste avant d'aller dormir, « révélait le peu d'impor-

tance que j'accordais aux normes de notre plan de vie[1] *», etc.*

Plus tard, alors que j'étais moi-même directeur d'une retraite de numéraires, quelqu'un vint me dire : « X se tient mal à l'oratoire, cela montre son manque d'amour envers le Saint-Sacrement. » Je lui demandai comment il pouvait juger de « l'amour pour le Saint-Sacrement » par la simple manière de se tenir. Certain d'avoir raison, il insistait, sans toutefois oser préciser trop sa pensée, j'étais tout de même le directeur de cette retraite ! Naturellement, je poussai l'avantage : « En quoi ce garçon se tient-il mal ? » « Il a la tête entre les mains et ne regarde pas le tabernacle. » Je répondis : « On peut avoir la tête entre les mains et le cœur en Dieu. De la même manière, on peut regarder le tabernacle en pensant à un match de foot ou… à comment se tiennent les autres ? » Il insista encore : « Mais peut-être qu'il dort ? » Je le rassurai : s'il dormait, c'est qu'il en avait besoin, et Dieu verrait alors son sommeil comme une prière. Il sortit et je crus en avoir fini avec lui. Lorsque je revins dans mon centre, le directeur me fit une correction fraternelle : « Le fait que tu refuses, en tant que directeur, une correction fraternelle évidente, montre que tu voulais imposer tes propres critères au lieu de ceux de l'Œuvre. »

Ah, si seulement j'avais pu imposer mes propres critères, cela aurait montré que j'étais encore capable de penser par moi-même !

1. Voir lexique en annexe.

De la soumission à l'aliénation

Saint Josémaria, nous l'avons vu, avait la certitude que si l'un de ses *enfants* était sincère, c'est-à-dire transparent, il était impossible qu'il abandonne l'Opus Dei : « Toute rupture avec le désir de suivre le Seigneur joyeusement commence toujours par la tristesse de ne pas avoir parlé à temps. » D'où lui vient cette assurance ? Voici la thérapie imposée à ceux qui, d'une manière ou d'une autre, doutent de leur vocation :

> Concrètement, pour assurer la persévérance des jeunes vocations, les meilleurs moyens conseillés sont :
> — s'abandonner au Seigneur à travers les directeurs ;
> — encourager la piété par un accomplissement fidèle des normes et des coutumes ;
> — avoir une grande sincérité dans la direction spirituelle avec les directeurs et les prêtres de l'Œuvre ;
> — s'oublier soi-même et servir les autres pour Dieu ;
> — se simplifier la vie : ne pas s'inventer des problèmes qui n'existent que dans l'imagination ;
> — travailler avec ordre et constance ;
> — occuper tout son temps ;
> — faire un apostolat incessant[1].

1. Saint Josémaria, Lettre, 29 septembre 1957, n° 32 et *Catéchisme de la prélature de la Sainte-Croix et Opus Dei* (édition 2003), n° 309.

Tout un programme qui livre aux mains des supérieurs la responsabilité individuelle, dépouille l'être de sa personnalité en lui interdisant de penser par lui-même et, surtout, l'occupe toujours davantage. Cela porte un nom : l'aliénation. Saint Josémaria peut en effet être certain qu'une telle personne ne quittera pas son Œuvre : elle est devenue un robot formaté par sa propre obéissance...

En remplaçant l'abandon à Dieu par l'abandon aux directeurs, l'Opus Dei organise la déviation totalitaire.

Marina
(Espagne, 27 juin 2005)

Je suis dans l'Opus Dei depuis douze ans et j'ai un bon CV de numéraire... Sous-directrice d'un centre d'études pendant quelques années, puis directrice d'un centre de jeunes numéraires pendant un an et demi, je vis, depuis quelques mois, dans un centre de numéraires âgées, et j'en bave bien. C'est moi qui ai demandé à ne plus être directrice du centre. Je voulais quitter l'Œuvre, mais sans blesser celles qui vivaient avec moi. Je veux partir pour des raisons qui peuvent paraître insuffisantes, mais qui en tout cas sont bien claires pour moi :

— J'ai des symptômes de dépression que personne de ma famille n'a jamais développés à mon âge. J'ai donc l'impression que mon mal-être est lié à ce que je suis en train de vivre.

— Un psychiatre de l'Œuvre, que je ne peux jamais voir seule, m'a donné des antidépresseurs qui diminuent mes angoisses mais me donnent mal à la tête et m'abrutissent toute la journée. J'entends même des bruits bizarres dans ma tête.

— J'ai voulu prendre quelques jours de repos en dehors de la ville avec d'autres numéraires, sûre que je pourrais faire les normes, mais les directrices de la délégation m'ont répondu que « notre vie est ordinaire, que je dois obéir et avoir l'âme en paix, et que dans mon centre il y a toutes les conditions nécessaires pour que je me repose bien ».

— Avant de voir ce psychiatre, je suis allée consulter un médecin généraliste, de l'Œuvre aussi. Il m'a conseillé de faire du sport. Les directrices trouvent cela très bien mais m'ont rappelé que je ne peux aller dans un club de sport par « esprit de pauvreté » et parce que je dois vivre « la garde du cœur » car des hommes fréquentent aussi les clubs de sport.

— Je leur ai dit que je voulais partir, mais elles m'ont répondu que ce genre de décisions se prend à tête reposée, quand on est en bonne santé, et en présence de Dieu. Il serait imprudent de le faire maintenant, alors que je me sens si mal. Elles ne m'ont pas convaincue : qu'est-ce qui me prouve qu'un jour j'irai mieux ? Aujourd'hui, j'ai trente ans, dois-je attendre quarante ans pour partir, sachant qu'à cet âge il est plus difficile de recommencer à zéro ?

Et puis, j'étouffe. Je deviens claustrophobe, je n'en peux plus... Tellement envie de vivre ma vie sans toutes ces règles stupides. Vivre. Vivre, tout simplement.

Les laïcs ne sont pas les seuls à subir des pressions fortes visant à les empêcher de quitter l'Opus Dei. Le contrôle total porte aussi sur les prêtres de l'œuvre, comme le démontre le témoignage suivant, édifiant.

Antonio Petit Pérez[1]
(Espagne, 1948-2007)

Le 12 février 2007, Antonio Petit Pérez, prêtre numéraire de l'Opus Dei, mourait à Barcelone. Il avait 59 ans. Il avait passé quarante-trois années dans l'Œuvre, dont trente-deux comme prêtre. L'année précédente, il avait envoyé à Mgr Javier Echevarría, actuel prélat de l'Opus Dei, une demande d'excardination du clergé de la prélature.

Depuis une dizaine d'années, Antonio Petit Pérez était victime de calomnies au sein de l'institution. Sa correspondance et ses appels téléphoniques étaient surveillés. Antonio composait régulièrement un certain numéro. Le directeur rappelait en cachette ce numéro pour savoir de qui il s'agissait, raccrochant dès qu'il entendait

1. Récit rédigé par Pedro le 20 avril 2007, publié sur le site www.opuslibros.org. On y trouvera aussi le fac-similé de la lettre originale de Mgr Javier Echevarría, à laquelle fait référence ce témoignage.

une correspondante féminine. Il s'agissait en fait de la sœur d'Antonio, laquelle crut longtemps avoir affaire à un maniaque.

Cette situation devenant pour lui insupportable, Antonio décida de quitter Séville pour s'installer à Barcelone où il pensait continuer à exercer son ministère sacerdotal. Au cours de la halte de quelques jours qu'il fit chez ses parents, le directeur de son centre vint le retrouver pour lui demander de réfléchir à sa décision. Mesurant la fermeté de son intention, il l'invita alors à rédiger une nouvelle lettre au prélat, la première comportant des passages qui lui déplaisaient. Antonio avait en effet écrit qu'il ne pouvait rester dans une institution où le prélat en personne disait de lui dans son dos qu'il « était un homme mauvais ».

À Barcelone, Antonio vécut dans une chambre de 9 m² dans un couvent de carmélites, dont il devint l'aumônier. C'est là qu'il passa la dernière année de sa vie, dans le dénuement le plus complet, sans aucune rémunération, cherchant seulement à exercer son ministère sacerdotal.

Peu de temps après son arrivée, la supérieure lui déclara qu'il ne pourrait célébrer la messe. Voyant son étonnement, elle lui expliqua que le vicaire de la prélature de l'Opus Dei était venu en personne l'avertir que son évêque l'avait suspendu. Antonio était abasourdi. N'avait-il pas reçu un décret du prélat l'autorisant à s'excardiner ? On lui donnait d'ailleurs quatre mois pour trouver un évêque qui l'accueille. Passé ce délai, le prélat se verrait obligé de le suspendre a divinis.

Antonio avait reçu ce décret deux mois après avoir quitté Séville. Le jugeant inacceptable, il avait préparé un recours auprès des tribunaux ecclésiastiques et se proposait d'en parler avec l'évêque de Barcelone qu'il devait rencontrer dans les prochains jours. L'évêque le reçut chaleureusement. Il lui conseilla de renoncer à sa plainte, le décret, entaché par un vice de fond, étant juridiquement nul. En outre, tout recours devenait inutile puisqu'il lui donnait toutes les autorisations nécessaires pour exercer son ministère dans le diocèse de Barcelone. Antonio était sorti ravi de cette entrevue. Il lui restait cependant un point à éclaircir. Préalablement à ce rendez-vous, il avait envoyé à l'évêque son CV accompagné d'un certificat médical faisant état de sa mauvaise santé. Or l'évêque n'avait rien reçu... Par la suite, Antonio apprit que « quelqu'un » de la curie avait fait disparaître ce courrier.

Antonio avait subi une greffe de rein vingt-deux ans auparavant et souffrait d'importants problèmes respiratoires. Il avait consulté son médecin, membre surnuméraire, pour lui demander un certificat médical. Celui-ci lui avoua que des responsables de l'Opus Dei lui avaient interdit de lui en délivrer. En cas d'urgence, il devrait préalablement envoyer le certificat à la commission régionale pour que les directeurs puissent en avoir connaissance. Antonio comprit qu'il ne pouvait plus avoir confiance en son médecin, d'une part, et que, d'autre part, on tentait vraiment de l'empêcher de s'installer à Barcelone.

Au mois de septembre, Antonio se vit proposer une charge à la curie ainsi qu'un travail dans une paroisse où il pourrait habiter dans des conditions plus décentes. Il y fut bien accueilli par le curé auquel il expliqua les raisons de sa présence dans cette ville. Celui-ci, qui était membre de la Société sacerdotale de la Sainte-Croix (association de l'Opus Dei pour les prêtres diocésains), changea alors d'attitude et lui demanda de bien vouloir l'attendre parce qu'il avait à téléphoner (probablement à la commission régionale). Il refusa finalement d'accueillir Antonio dans sa paroisse... En obéissant aux directives de l'Opus Dei, il désobéissait ouvertement à son évêque.

Antonio était totalement dépassé par ces persécutions venant d'une institution qui avait prétendu être sa « vraie famille » et qu'il avait loyalement servie pendant quarante-trois ans.

Il dut attendre jusqu'au mois de novembre pour que la prélature daigne répondre à la requête de l'évêque de Barcelone de l'accueillir dans son diocèse ! Elle ne se donna d'ailleurs même pas la peine de rédiger une réponse écrite, se contentant de téléphoner au chancelier du diocèse qui prit note de la conversation et certifia son authenticité.

Au mois de janvier, Antonio apprit que la prélature avait cessé de cotiser pour sa sécurité sociale depuis deux mois, bien qu'elle tardât encore à donner son accord pour l'excardination, ce qui l'empêchait d'être officiellement accueilli dans son nouveau diocèse, de percevoir un salaire et de recevoir les soins médicaux dont il avait besoin.

Dans ce total dénuement, Antonio reçut une amende de 500 euros. Quelques années auparavant, les directeurs de l'Opus Dei de Barcelone utilisaient une voiture enregistrée au nom d'Antonio. La destruction de ce véhicule n'ayant pas été signalée à la mairie, le PV fut adressé à Antonio. Il demanda alors au centre concerné de régler cette dette. Le centre ignora sa requête. Antonio rappela également son ancien centre afin qu'on lui fasse suivre sa correspondance de l'année écoulée et sa nouvelle carte de paiement, mais on lui répondit que tout avait été jeté à la poubelle.

À partir du mois d'octobre, sa santé commença à se dégrader sérieusement. Il alla vivre chez des parents qui prirent soin de lui.

Lorsqu'il mourut, sa famille en avertit la prélature qui déclara qu'Antonio continuait d'appartenir juridiquement à l'Opus Dei et que ses funérailles seraient prises en charge. Ils vinrent chercher son corps et organisèrent un enterrement en grande pompe dans une paroisse confiée à l'Opus Dei. Dix-huit prêtres concélébrèrent la messe. Le vicaire qui avait essayé de chasser Antonio de Barcelone prononça l'homélie. Des messes furent célébrées pour le repos de son âme dans la paroisse où il avait exercé. Aucun membre de l'Œuvre ne s'y rendit. Mgr Echevarría fit figurer le nom d'Antonio Petit dans la liste des défunts du bulletin officiel de la prélature. Il n'était accompagné d'aucune notice biographique.

Du gouvernement à la bureaucratie

Comme dans l'armée, la structure de l'Opus Dei est pyramidale : au sommet, à Rome, le prélat, entouré de son état-major, les directeurs centraux. Un cran plus bas, dans chaque pays, les directeurs régionaux (un pays est parfois divisé en délégations régionales, comme en Espagne, en fonction du nombre de membres). Un cran plus bas, dans chaque centre : les directeurs locaux. Et enfin la troupe, composée de tous les autres membres. Cette pyramide doit faire en sorte que les idées du prélat arrivent intactes jusqu'au moindre recoin de la planète. Pour garantir la fidélité du message, les directeurs intermédiaires (régionaux et locaux) sont nommés s'ils ont fait la preuve de leur obéissance totale aux *règles internes* :

> Ceux qui sont à la tête doivent vivre avec une plus grande fidélité la sainte vertu d'obéissance : car ils doivent tout d'abord ne faire qu'un avec leurs supérieurs hiérarchiques et ne faire qu'un avec l'esprit et les normes de l'Œuvre[1].

Ces directives arrivent aux directeurs locaux par l'intermédiaire d'une impressionnante bureaucratie : elles ont franchi les contrôles des directeurs régionaux, eux-mêmes contrôlés par les

1. Saint Josémaria, *Instruction pour les directeurs*, 31 mai 1936 (publiée et probablement rédigée en 1967), n° 35.

directeurs centraux, eux-mêmes contrôlés par le prélat. C'est l'occasion d'un considérable va-et-vient d'informations écrites entre tous ces niveaux de directions :

> Tout ce qui se passe doit être brièvement noté sur papier. Ce n'est pas tant écrire qui est important ! Les événements extérieurs sont déjà inscrits dans le journal interne du centre. Par contre, je vous demande de rédiger des fiches plus personnelles.
>
> Ainsi, les directeurs ne manqueront pas d'informer la commission sur ce qu'elle doit savoir [...] Notez aussi dans ces fiches les circonstances familiales, professionnelles, les talents, les prédispositions, les goûts, etc. [des membres de l'Œuvre] [...]
>
> Tenez aussi à jour un fichier le plus complet possible des visites que vous rendez aux autorités – toujours avec l'approbation de la commission – et des amitiés de ceux de chez nous [des membres de l'Œuvre], notez les relations qu'ils ont avec chacun afin qu'aucune amitié ne se perde. Dans ces fiches, notez les attentions qu'ils auront eues envers vous et vous envers eux[1].

Bien entendu, les membres et sympathisants de l'Œuvre ignorent que la prélature détient dans ses archives secrètes un dossier à leur nom. Il contient leurs données personnelles : âge, adresse, numéro de téléphone, nom du conjoint, nombre d'enfants, profession, activités suivies au sein de l'Opus Dei, le nom de

1. *Ibid.*, n° 70-72.

celui qui les a invités au centre, ainsi que des annotations diverses. Au moment où un membre change de ville, son dossier personnel le suit, à son insu : les centres envoient ces informations à la commission régionale qui les archive, puis les fait parvenir au centre de la ville de destination, afin de garder le contact. Alors qu'aujourd'hui la société devient de plus en plus vigilante quant au respect de la vie privée et à la communication de bases de données contenant des informations personnelles, l'Opus Dei perpétue ses pratiques dans la plus grande opacité.

Elle ne s'arrête pas là. L'Opus Dei consigne soigneusement les observations liées aux débats de conscience de ses membres. On trouve ces notes dans les fameuses armoires fermées à clef dont le contenu est soigneusement caché, tant aux autorités civiles qu'ecclésiastiques. Voici deux exemples d'observations rédigées par des directeurs à l'intention d'autres directeurs, à l'insu de l'intéressé :

> Réf. 733/04 [...] 18/04
>
> 1. Il n'accomplit par toujours totalement et soigneusement les normes du plan de vie. Il arrive fréquemment qu'il laisse des normes pour la dernière minute et que parfois il ne les fasse pas.
> 2. La plupart du temps, il parle dans son entretien fraternel de sa persévérance, comme s'il vou-

lait trouver une excuse qui justifierait l'abandon de sa vocation. Il est revenu de son cours annuel en ayant décidé de se donner un an pour savoir s'il allait continuer dans l'Œuvre. Nous l'incitons chaque fois que cela se présente à être courageux, à demander des lumières et la force pour comprendre que la décision qu'il doit prendre aujourd'hui est différente de celle qu'il a prise en écrivant la lettre [sa demande d'admission dans l'Œuvre]. Nous lui avons dit aussi de ne pas se donner d'échéance fixe, que tout dans la vie demande de l'effort, de ne pas idéaliser le mariage, que les couples aussi ont des problèmes, comme il a pu s'en rendre compte dans son travail à [...].

3. Il est inconstant, très instable, voire infantile. Il se mortifie peu dans ce qui lui plaît, il est assez immature. Il n'est pas non plus très docile. Nous avons attiré son attention sur ces points.

4. Il continue d'avoir des problèmes avec la Sainte Pureté. Il va parfois au cinéma, bien sûr sans le dire avant. Il continue toujours de regarder des choses inconvenables sur Internet. Il n'est pas très impliqué dans la vie de famille et ceci depuis qu'il est arrivé dans ce centre. La voiture qu'on avait mise à sa disposition pour faciliter son travail à [...], devait aussi servir à ce qu'il vienne prendre ses repas au centre presque tous les jours, ce qui n'a pas été le cas.

5. Ce qu'il raconte de son travail ne donne pas l'impression qu'il le fasse bien, ni qu'il ait du prestige auprès de son patron.

6. Hier, il a informé le d [directeur] par téléphone de la conversation qu'il a eue avec un d [directeur] de la commission régionale à qui il

demandait la dispense de vivre dans un centre. Il ne nous en avait jamais parlé.

7. Il nous semble difficile de le faire aller de l'avant en raison de son manque de volonté.

2-V-04

1434/03

1. Il faut non seulement le recommander avec une grande foi à notre Père, mais aussi employer au bon moment des moyens énergiques pour lui faire les corrections indispensables. Il s'agit d'obtenir de sa part un changement d'attitude par rapport à sa vocation pour qu'il décide de se convertir. Il faut que s'opère dans son cœur une conversion profonde (il semble en effet que ce soit là que le bât blesse) afin qu'il accomplisse totalement et seulement la volonté de Dieu.

2. C'est par l'intermédiaire de la CFI [confidence ou entretien fraternel hebdomadaire] que nous pourrons atteindre ces objectifs cités plus haut. Il doit parvenir à ces continuelles conversions dont parle le Père [le prélat en place] dans sa lettre du mois d'août, pour obtenir une profonde conversion du cœur.

3. Il faudra soulever dans la direction spirituelle deux points concrets concernant sa vocation :

a) Les relations étroites qu'il entretient avec sa famille de sang. Nous devons faire en sorte qu'il comprenne et désire vivre ce *relictis omnibus* [abandonner sa famille pour suivre le Christ] dont nous parle notre Père.

b) Il est évident qu'Internet, dont il use avec excès, fait partie de son univers personnel et qu'il devrait donc en parler dans la direction spirituelle pour lui éviter de mener une double vie. Il faudrait peut-être que le CL [conseil local] lui donne le conseil impératif de n'utiliser cet instrument de travail que pour ce qui est indispensable et qu'il soit toujours accompagné de quelqu'un.

4. Il semble qu'un point concret qui pourrait l'aider à être plus fort et à se centrer humainement et surnaturellement, serait qu'il développe son travail professionnel. Il faut lui montrer clairement (voir la note antérieure) que nous rejetons tout déménagement dans une autre ville de la délégation de [...], il vaut mieux qu'il s'ancre solidement dans la ville de [...] ou s'il le demande, dans une autre ville de [...] ou de [...]. Il n'y a pas d'inconvénients à ce qu'il continue dans son métier.

5. Il faudrait bien sûr qu'il change de CTR [centre], mais un tel changement de circonstances doit accompagner et renforcer le projet professionnel qu'il propose. Il faudrait donc qu'il commence tout d'abord à envoyer un projet à moyen terme et nous vous serions reconnaissants de nous faire parvenir son opinion. Dans un autre registre, ce qui est dit dans la note Réf. n 1, lignes 3 et 4 (date : 9-04-2003) est toujours valable.

Les informations sur les membres contenues dans ces notes proviennent directement de la *direction spirituelle*. La victime, qui croit que ce qu'elle confie à son directeur spirituel reste confidentiel, ignore généralement que les directeurs échangent par écrit des opinions sur son compte.

Heraldo
(Espagne, 17 décembre 2007)

Faire partie d'une délégation est un honneur. Même si cela n'a jamais été exprimé ouvertement, tout le monde sait dans l'Opus que cela signifie appartenir au « saint des saints ». Alors que dans les centres « ordinaires » se retrouvent les membres qui ne présentent pas les garanties suffisantes de fidélité, d'intelligence et de sainteté pour pouvoir s'occuper, entre autres, des âmes de leurs frères, les membres de la hiérarchie représentent le siège de Rome dans un pays. Aussi délégations ou commissions sont-elles composées d'élus parmi les élus, très conscients de leur éminente responsabilité.

J'ai moi-même vécu vingt ans dans une délégation assez importante. Le quotidien aurait pu s'y avérer purement administratif au vu de la quantité astronomique de dossiers à gérer, mais une multitude d'« événements » vient rappeler à l'« élu » le sens de son existence sur cette terre. Il y a toujours quelque chose ou quelqu'un pour le sortir de la routine, le réintroduire dans l'épicentre de l'action rédemptrice du Christ, en lui rappelant sa mission.

En fin de semaine, nous recevions le courrier en provenance des centres. Des piles et des piles de dossiers remplis de chiffres, de statistiques apostoliques, mais aussi de demandes de conseils en tout genre, sans oublier naturellement les informations sur la « vie intérieure » des membres, permettant de gérer les étapes temporaires ou défi-

nitives de leur admission dans l'Œuvre. Les « cas de conscience » arrivaient dans des enveloppes à part, avec une référence particulière. Les sujets les plus délicats dits de « saint Michel » concernaient la vie intérieure des numéraires et agrégés de la prélature, mentionnant leurs éventuels changements de domicile.

Dans la délégation où j'ai vécu, il ne se passait pas une semaine sans que nous soyons informés de cas épineux : un numéraire voulait s'en aller, un prêtre avait confessé une femme hors du confessionnal (encourant la suspension a divinis*), un autre était allé se faire faire un « massage », un directeur de centre avait été surpris roucoulant au téléphone avec la directrice de son administration, un autre avait vu un numéraire dans une voiture tenant une femme enlacée, un autre avait avoué lors de sa direction spirituelle regarder des films pornos... J'en passe et des meilleures.*

Ces nouvelles parvenaient au saint des saints où elles étaient reçues comme un outrage. Les directeurs sont les instruments de la sainteté de Dieu et doivent se garder perpétuellement de l'impureté en accomplissant fidèlement leurs « normes », en approfondissant méticuleusement leur vie intérieure et en obéissant à tout ce que l'Œuvre leur demande à travers ses « coutumes et moyens de formation ». Un directeur fréquentant une prostituée déclenche une explosion atomique qui rejaillit sur l'Œuvre tout entière.

Les informations reçues pouvaient donc donner lieu à la réunion extraordinaire de certains directeurs de la délégation, « purs parmi les purs », pour traiter du « cas ». Ces « cas » concernant des membres engagés depuis longtemps et de façon définitive dans l'Œuvre plongeaient les directeurs et prêtres consacrés in sacris *dans l'affliction la plus profonde. Le visage tragique, ils décortiquaient les faits, s'inquiétant de savoir si « tout avait bien été dit ». Ils évaluaient ensuite les mesures à prendre pour faire revenir l'« égaré » sur le droit chemin, l'éloigner des tentations, l'inviter à la pénitence, à recommencer une nouvelle vie. À cet effet, ils utilisaient parfois à titre curatif le mot qui tue : l'« admonition ». « Il faut charger sa conscience, susurraient-ils, pour le détourner de l'erreur. »*

Fortes de ces bonnes intentions, les décisions tombaient très vite : réunion en urgence des conseils locaux, entretiens avec le « cas » et le prêtre en charge de son âme, changement de centre, de directeur spirituel, de ville. Rapports et dossiers contenant des éléments très intimes entamaient dès lors leur ballet, de haut en bas, de bas en haut : conseil local – délégation – commission – conseil général – conseil local, dans un mouvement incessant. C'est ainsi que des kilos et des kilos de dossiers concernant les numéraires et les agrégés s'entassent au sein des délégations et des commissions.

Il me paraît important d'insister sur ce que l'on pourrait appeler l'« autodivinisation » de ceux qui se consacrent à ce travail. Car bien sûr, tout ceci est effectué pour la plus grande gloire de Dieu.

La mission divine est en quelque sorte le label des directeurs de l'Opus. Elle leur donne le senti-

ment d'appartenir à une caste d'élus sur laquelle reposent le bien de l'Œuvre, la volonté de Dieu, la grâce de l'Esprit Saint, le salut de l'Église et du monde. Responsabilité unique qui explique l'indécent va-et-vient de papiers promenant les pensées les plus intimes, les faiblesses, les pulsions, dépressions, tendances, désirs, aspirations à la sainteté, repentirs, remords des membres. La vie intérieure d'êtres humains devient l'objet de l'activité administrative de ces élus qui s'approprient le mystère divin en pénétrant l'espace sacré des consciences, au nez et à la barbe de la hiérarchie de l'Église. Ils la mettent sur ordinateur, l'archivent, puis l'exposent lors de réunions, d'assemblées ou de protocoles. Tout cela sans que jamais aucun doute ne les effleure puisque l'Œuvre, n'est-ce pas, maîtrise les manifestations de l'intelligence et de la volonté divine.

On imagine ce que peut donner le sentiment de cette mission chez un directeur du conseil général vivant près du Prélat, à Rome, à la villa Tevere, dans ces bâtiments qui abritèrent la figure colossale du fondateur ! Là, parmi les marbres et les chérubins, tout n'est que sainteté, pureté, prière, union avec la « tête ». Là, on comprend véritablement le sens de l'existence et la volonté de Dieu…

Alors que dire du Prélat lui-même ? Un Echevarría, qui est né et a grandi à l'ombre du saint marquis, ne peut qu'incarner la mission divine suprême. Traité au quotidien comme un roi aztèque, comment pourrait-il se remettre en doute ?

À sa suite, toute la hiérarchie ne pourra que condamner ceux qui n'ont pas su préserver cette sainteté, cette pureté, ceux qui ont abandonné leur vocation pour aller étancher leur soif de bonheur dans les cloaques immondes du péché, et dont la bouche ne peut proférer dorénavant que mensonges et bêtises. Que peuvent-ils connaître du divin ? Les livres et témoignages majeurs de Maria Angustias et de Carmen Tapia, pour ne citer que ces deux exemples, ne sont à leurs yeux que niaiseries ou insinuations diaboliques, ces femmes vénérant les ténèbres. Misérables créatures dont l'intelligence, embourbée d'impureté, est inapte à la vérité ! L'arme la plus puissante de l'Opus contre ceux qui veulent en sortir a toujours été et sera toujours une accusation de luxure. Pureté/luxure, la dualité décide de tout. On pensera que j'exagère, que je plaisante. Il n'en est rien, toute cette description est exacte.

Sous couvert d'une ouverture au monde, une « auto-divinisation » fondamentaliste se niche aujourd'hui au sein de l'Église catholique, diabolisant ceux qui la critiquent. Seule l'œuvre est pure, chaste, en vérité.

Je ne veux pas cependant tomber dans leur manichéisme et considérer l'Œuvre comme une erreur. Son idéal offre de beaux chemins de vie que peut malheureusement totalement pervertir l'« autodivinisation », plaçant alors « une existence au service d'un système de pratiques et de théorie, qui finit par conduire à l'homicide et au terricide », comme l'écrivait Raimundo Panikkar (ancien membre prêtre de l'Opus Dei)[1].

L'histoire ne s'arrête pas là : l'Opus Dei tient un dossier personnel sur chaque évêque et chaque prêtre diocésain. On peut trouver l'un de ces rapports secrets sur un diocèse, rédigé en espagnol, à l'adresse Internet suivante : www.opus-info.org, sous le titre « Informe secreto de una diócesis ».

C'est ainsi qu'une institution prétendant faire partie de l'Église s'autorise à avoir ses propres services de renseignement et ses propres archives secrètes. Cela au moment même où les représentants de l'Œuvre proclament dans tous les médias leur absolue transparence. Quel but poursuit-elle ?

---

1. Voir son témoignage en annexe 3, p. 241.

11

De la piété spontanée à la pratique obligatoire

Le premier thème abordé dès qu'on entre dans l'Opus Dei est le « plan de vie », c'est-à-dire la liste des dévotions qu'un membre doit obligatoirement accomplir. On les appelle le plus souvent *normes* ou encore *coutumes*. Voici la liste de ces *normes* :

PLAN DE VIE[1]

CHAQUE JOUR IL FAUT :

— Se lever immédiatement dès que le réveil sonne (minute dite héroïque).

— Embrasser le sol en disant *serviam* (je servirai).

— Faire 30 minutes de prière le matin et 30 minutes l'après-midi (pendant lesquelles il est vivement conseillé de méditer les textes de saint Josémaria).

— Assister à la messe et communier.

---

1. Extraits résumés de *De spiritu et de piis servandis consuetudinibus*, 9 avril 1990.

— Rester exactement 10 minutes en prière d'action de grâce après la messe. Puis, réciter le *Trium Puerorum* (le cantique des trois enfants dans la fournaise), ainsi que le psaume 150.

— Dans la journée, se recueillir quelques instants devant le Saint-Sacrement (visite au Saint-Sacrement).

— Réciter l'angélus à midi.

— Réciter un chapelet (50 Je vous salue Marie) et méditer les 15 mystères du rosaire restants.

— Lire pendant 10 minutes un livre de spiritualité imposé par le directeur spirituel et pendant 5 minutes le Nouveau Testament.

— Faire un examen de conscience à midi et le soir.

— Réciter une prière en latin réservée aux membres de l'Œuvre (*preces*).

— Prier pour les intentions du prélat.

— Offrir une mortification pour le prélat (d'habitude, lui offrir la douche froide quotidienne).

— Les numéraires doivent porter deux heures par jour le cilice (sorte de bracelet en fer avec des pointes) autour de la cuisse.

— Réciter plusieurs fois par jour la prière. Souvenez-vous à l'intention des autres membres de l'Œuvre.

— Dans les centres, en entrant et sortant de chaque pièce, regarder l'image de la Vierge en récitant une oraison jaculatoire.

— En entrant et sortant d'un centre, saluer l'ange gardien du centre et faire une génuflexion dans l'oratoire.

— Respecter le temps de la nuit : la nuit, on ne peut pas discuter, téléphoner, étudier ou travailler sans la permission du directeur.

— Dormir entre sept heures trente et huit heures par nuit.

— Respecter trois heures de silence après le déjeuner, pendant lesquelles il faut travailler (on ne peut pas faire la sieste ou se distraire).

— Avant de se coucher, réciter à genoux, les bras en croix, trois Je vous salue Marie en demandant la vertu de la pureté.

— Avant de dormir, asperger son lit d'eau bénite.

— Les femmes numéraires doivent dormir toutes les nuits sur une planche avec une couverture pliée en guise de matelas (jusqu'à l'âge de 40 ans), les hommes en sont exemptés[1].

— Porter sur soi le scapulaire.

CHAQUE SEMAINE, IL FAUT :

— Assister à la méditation : prédication d'un prêtre de l'Œuvre réservée aux membres de l'Œuvre. Elle a lieu dans l'oratoire (la chapelle du centre) dans le noir : à l'exception de la bougie qui éclaire le tabernacle et d'une petite lampe sur la table du prédicateur qui projette des ombres spéciales sur son visage.

— Assister au cercle, causerie d'un laïc réservée aux membres de l'Œuvre. Le cercle comprend

1. Le fondateur a imposé cette pénitence aux femmes sous prétexte qu'elles sont plus superficielles que les hommes, elles doivent donc se mortifier plus.

toujours : le commentaire de l'Évangile du jour, l'approfondissement d'une norme du plan de vie, et un sujet en rapport avec l'esprit de l'Œuvre. Ces sujets sont proposés par la commission régionale et accompagnés d'indications précises sur le contenu et la forme à suivre. Pendant le cercle, on ne peut croiser les jambes. Il est bien vu aussi de s'accuser publiquement et à genoux de l'une de ses fautes (après en avoir parlé avec le directeur) et de recevoir à ce titre une pénitence symbolique.

— Se confesser avec le prêtre désigné.

— Faire l'entretien fraternel ou confidence, c'est-à-dire parler au directeur spirituel laïc désigné, lui rendre compte de ce qui s'est passé durant la semaine (accomplissement minutieux de toutes les normes, points de lutte, échecs et faiblesses, relations sociales : qui on a rencontré, pendant combien de temps, de quoi on a parlé, cette personne pourrait-t-elle avoir la vocation à l'Opus Dei ?) et, enfin, recevoir du directeur les objectifs fixés jusqu'au prochain entretien.

— Une fois par semaine, les numéraires doivent se fouetter eux-mêmes avec des disciplines (petits fouets en corde) tout en récitant des prières.

— Pour les numéraires hommes, dormir à même le sol une nuit par semaine. Les femmes ont droit à un dictionnaire en guise d'oreiller, car elles dorment déjà toutes les nuits sur une planche.

— Réciter et méditer le psaume II et l'hymne *Adoro te devote*.

— Chaque samedi, réciter le *Salve Regina* et assister au Salut au Saint-Sacrement.

— Comme mortification, ne pas prendre de goûter le samedi.

CHAQUE MOIS, IL FAUT :

— Assister à une récollection : une journée en silence dans le recueillement avec différentes prédications du prêtre et du directeur.

— Réciter et méditer le symbole d'Athanase.

— Pour les numéraires, remettre au directeur sa note de frais, c'est-à-dire la liste complète des moindres dépenses (du ticket de bus au tube de dentifrice).

CHAQUE ANNÉE, IL FAUT :

— Assister à une retraite de six jours en silence, durant laquelle il est vivement recommandé de méditer les textes de saint Josémaria.

— Suivre un cours annuel (trois semaines pour les numéraires, une semaine pour les surnuméraires), on y apprend par cœur le *Catéchisme de la prélature de la Sainte-Croix et Opus Dei* et on y reçoit différentes causeries de formation, des cours de philosophie et de théologie.

— et un long etc. de dévotions qu'il faut pratiquer une fois par an, et que nous épargnons au lecteur.

Hanneh
(France, 8 mai 2006)

Lorsque j'étais une jeune numéraire, étudiante à Paris, je devais « garder la maison », c'est-à-dire ne pas laisser le saint sacrement exposé seul dans l'oratoire. Je ne pouvais donc pas sortir du centre avant le retour d'une autre numéraire, qui avait pour mission de me remplacer, alors même que des jeunes filles travaillaient dans la cuisine.

À cette époque, je suivais un cours important dont le professeur ne supportait pas une minute de retard. Or ma remplaçante avait la fâcheuse habitude d'arriver au centre en retard.

Un jour, comme elle tardait trop, je suis partie sans l'attendre en disant à Dieu : « Ne t'inquiète pas, tu ne restes pas seul, je t'emmène avec moi dans mon cœur. » En rentrant de mon cours, j'ai eu droit à une grosse correction fraternelle et je fus vertement réprimandée : « On ne laisse jamais le Seigneur seul, ce que tu as fait est très grave ! »

Les retards de celle qui me remplaçait se sont répétés plusieurs fois et furent la cause d'importants retards à mes cours. Les directrices savaient pourtant que ces études étaient essentielles, mais rien n'y fit.

Alors que je débutais dans le monde du cinéma, je devais conduire en voiture des acteurs sur un plateau de tournage. Dans ce métier, la ponctualité est une règle absolue. Tout le monde arrive au moins quinze minutes avant l'heure. Pour les mêmes raisons que pendant mes études, je suis arrivée avec une heure de retard sur le plateau.

L'assistante du réalisateur, une femme formidable, me prévint : « Si tu arrives encore une fois avec cinq secondes de retard, tu devras aller voir ailleurs. » Je ne pouvais pas lui répondre : « Tu sais, j'ai le saint sacrement chez moi et je ne peux pas le laisser seul. »

Plus tard, je réalisais mon premier court-métrage. Nous n'avions que deux jours pour tourner et nous travaillions de 8 heures du matin jusque tard dans la nuit. J'avais une équipe magnifique de personnes expérimentées, qui avaient accepté de tourner gratuitement pour moi qui débutais. Le premier soir, je rentrai au centre à 3 heures du matin. La directrice, pourtant intelligente, me hurla littéralement dessus :

— Tu as vu l'heure qu'il est ?!

— Oui, on a fini très tard le tournage et je ne pouvais pas laisser mes compagnons comme ça, il fallait que je passe un peu de temps avec eux, ne serait-ce que pour les remercier.

Elle connaissait parfaitement mes conditions de travail.

— Tu n'as qu'à leur dire que tu as un bébé malade qui t'attend à la maison !

Cette réponse indigne et mensongère, je ne la comprends toujours pas.

Le soir suivant, je suis rentrée, la mort dans l'âme, à une heure raisonnable pour les centres de l'Opus Dei. Mes compagnons de travail n'ont jamais compris pourquoi j'étais partie ainsi, comme une voleuse...

Aujourd'hui, je déduis de cette expérience que lorsqu'on est numéraire de l'Opus Dei, on ne peut pas travailler dans tous les milieux, contrairement à ce que l'on nous affirme avant d'y entrer. De plus, n'est-il pas étrange de devoir « garder le saint sacrement » plutôt que d'aller travailler, alors qu'appartenir à l'Opus Dei signifie soi-disant avant tout « être un chrétien ordinaire au milieu du monde » ?

Mais ce n'est pas encore là la totalité du plan de vie. Un membre de l'Œuvre doit toujours être en prière. C'est à cela que servent les « normes de toujours » :

> NORMES DE TOUJOURS : présence de Dieu ; considération de notre filiation divine ; communions spirituelles ; actions de grâce ; actes de réparation ; oraisons jaculatoires ; mortification ; étude ; travail ; ordre ; joie.

Destiné à garantir la constance de la piété, le rappel des normes de toujours maintient en fait une tension de tous les instants. C'est le meilleur rempart contre toute tentation de retour à soi, l'interdiction de rêverie, de repos, ou de futilité récréative. Le travail fait partie des normes de toujours. Or, tout est travail, puisque tout est ascèse. On voit bien comment le mécanisme assujettit : si à un moment donné quelqu'un ne travaille pas, il déroge au plan de vie. La joie elle-même devient un travail ! Le sachant, tout être de bonne volonté, et c'est par nature le cas des personnes fréquentant les centres, fera de son mieux pour s'astreindre à l'ascèse, pour s'offrir à Dieu, via la mission de l'Œuvre.

Aussi la prélature, par sa prédication, ne cesse-t-elle d'appeler les membres à l'accomplissement du plan de vie dans son intégralité, la piété (attachement fervent au service de Dieu) étant présentée comme *la* solution à tous les problèmes :

> Le remède par excellence, c'est la piété. Exerce-toi, mon fils, en présence de Dieu, en concrétisant ta lutte pour marcher à Ses côtés, tout au long de tes journées. On devrait pouvoir te demander à chaque instant : et toi, combien d'actes d'amour de Dieu as-tu fait aujourd'hui, combien d'actes de réparation, combien d'oraisons jaculatoires à la Sainte Vierge ? Il faut prier plus[1].

Comptons nos dévotions quotidiennes : plus on en fait, mieux c'est. Quelques difficultés ? C'est tout simplement parce que l'on ne prie pas assez. Le temps passé en prière nous coupe parfois des réalités vécues par notre prochain ? Priorité absolue au plan de vie !

> Mes enfants doivent avoir dans la tête un critère très clair : le premier et le plus important est d'accomplir les normes, car c'est le chemin le plus sûr vers la sainteté. En même temps – simultanément et inséparablement – il faut gagner sa vie, subvenir à ses propres besoins et aider

1. Saint Josémaria, Lettre, 14 février 1974, n° 15.

économiquement la maison dans laquelle on vit ou le centre auquel on appartient[1].

Surtout ne pas négliger le matériel ! En le rendant inséparable de l'accomplissement, saint Josémaria fait de la rentabilité, érigée en vœu d'excellence, une norme. On ne peut être plus clair. L'enjeu en vaut cependant la chandelle, car le fondateur promet en échange de l'accomplissement scrupuleux de ce *plan de vie*, ce que Dieu seul peut promettre et donner : le salut de l'âme.

Si vous accomplissez les normes, vous serez sûrs de persévérer[2].

Je peux affirmer que celui qui accomplit nos normes de vie – celui qui lutte pour les accomplir –, qu'il soit en bonne santé ou malade, jeune ou vieux, qu'il fasse beau ou qu'il y ait une tempête, que cela lui coûte ou ne lui coûte pas, s'il persévère jusqu'à la fin, cet enfant-là est prédestiné : je suis sûr de sa sainteté[3].

L'essence du christianisme n'est donc plus la charité ou la miséricorde, mais le temps passé en dévotions.

---

1. Saint Josémaria, en *Cahier n° 8* – « Les conséquences de la pauvreté ».
2. Saint Josémaria, Lettre, 29 septembre 1957, n° 69.
3. Saint Josémaria, Lettre *Videns eos*, 24 mars 1931, n° 59 et réunion 15-VIII-1968, *Crónica* XI-1968.

De l'effort au volontarisme

La sainteté étant liée à l'effort personnel, celui-ci devient une mortification incessante. Se cravacher sans cesse pour franchir tout obstacle, dans le but de se vider totalement de soi et d'être utile à la manifestation de Dieu... Aucune douceur dans cet anéantissement, le sacrifice prend le pas sur l'offrande.

> Mes enfants, allez de l'avant avec joie, en vous forçant[1].

> En avant ! Avec une sainte audace, sans t'arrêter avant d'avoir atteint le sommet de l'accomplissement de ton devoir[2].

> C'est vrai, nous sommes des serviteurs inutiles (Luc 17, 10). Mais avec ces serviteurs inutiles le Seigneur accomplira de très grandes choses en ce monde, si nous y mettons du nôtre : si nous faisons l'effort de tendre la main, pour saisir celle que Dieu nous tend depuis le ciel, par sa grâce[3].

Les fruits naîtront de notre effort. Il y en a peu ? De toute évidence, l'effort n'a pas été suffisant. Saint Josémaria le répétait à l'envi : « Les vocations viennent au rythme des disciplines. »

---

1. Saint Josémaria, Lettre *Videns eos*, 24 mars 1931, n° 55.
2. Saint Josémaria, *Chemin*, *op. cit.*, n° 44.
3. Saint Josémaria, Lettre *Videns eos*, 24 mars 1931, n° 24.

Comprendre : « Plus il y aura de mortifications, plus il y aura de vocations. » Et donc : « S'il n'y a pas assez de vocations, c'est que tu ne te mortifies pas assez. » Les mortifications sont les devises avec lesquelles on peut acheter la grâce de Dieu. Lorsque le déni de soi vient s'ajouter au volontarisme, le but est atteint :

> À force de renoncer aux petites choses et de renoncer à toi-même dans ces choses, [...] ta volonté s'affermira, se virilisera avec la grâce de Dieu, et tu commenceras d'abord à être vraiment maître de toi, tu seras un guide, un chef !... qui impose, qui pense, qui entraîne les autres par son exemple et sa parole, sa science et son autorité.
>
> Ne travaille pas par enthousiasme, mais par amour, avec cette conscience du devoir qui est abnégation[1].

Pour peu que l'on s'interroge : « Faut-il pencher davantage vers l'amour ou le devoir ? », saint Josémaria répond bien volontiers :

> Le devoir avant tout, le cœur ensuite[2].

> Nous sommes donc tous obligés de travailler : parce que le travail est un commandement divin, et il faut obéir joyeusement à Dieu[3].

1. Saint Josémaria, *Chemin, op. cit.*, n° 19, n° 994.
2. *Ibid.*, n° 62.
3. Saint Josémaria, Lettre *Res omnes,* 9 janvier 1932, n° 5.

Il faut accomplir notre devoir, non parce que cela nous plaît, mais parce qu'il le faut. Nous ne devons pas travailler parce que nous en avons envie, mais parce que Dieu le veut : et nous devrons donc travailler avec bonne volonté. L'amour le plus exquis, qui rend l'âme heureuse, s'enracine dans la douleur, dans la joie de lutter contre nos penchants pour servir le Seigneur et sa Sainte Église[1].

Finalement, on peut se passer de l'amour. Une vie de travail mène tout aussi bien à la sainteté.

Castor
(Espagne, 13 juillet 2004)

Paquito était un chouette garçon. Il étudiait dans un collège de l'Opus Dei, dans une ville d'Espagne, il y a déjà quelques années. Il était pieux, il avait pas mal de frères et sœurs, son père était coopérateur et sa mère surnuméraire. Paquito commença à fréquenter un club de l'Opus. Il s'y sentait bien. Chez lui, il était plutôt réservé, introverti, alors qu'au club il se sentait vivre, il parlait, il plaisantait avec ses copains.

Il demanda l'admission comme numéraire à quatorze ans et demi. Il voulait faire comme ses grandes sœurs et comme ces éducateurs que tout le monde trouvait si sympas.

---

1. Saint Josémaria, Lettre *Videns eos*, 24 mars 1931, n° 18-19.

Finie la rigolade des week-ends cool du club ! Dorénavant, il devait se lever tôt pour rejoindre le centre pour la prière du matin suivie de la messe, avant d'aller à l'école. Chaque jour, il avait une longue liste d'actes de piété et de prières à faire, pour accomplir son « plan de vie », sans compter l'apostolat auprès de ses copains du collège. Il jonglait avec ses horaires pour y caser le cercle, les méditations, l'entretien fraternel. De plus, sa « nouvelle famille » exigeait de bons résultats scolaires alors que Paquito n'avait jamais été spécialement brillant.

Il commençait vraiment à en baver. Un jour, un de ses camarades s'empara de son agenda dans le vestiaire, ce fameux agenda des numéraires que nous avons tous connu, et lut à voix haute les « résolutions » et les notes de Paquito. Tous étaient morts de rire. Pour Paquito, ce fut une croix de plus sur le chemin des apôtres des temps modernes.

Et puis un jour, Paquito tomba malade, cloué au lit, immobile, secoué de vomissements. Ses parents l'emmenèrent voir leur médecin. À l'issue de l'examen, le médecin le renvoya en salle d'attente pour pouvoir parler à ses parents.

— Ce gamin prend des antidépresseurs.

— Notre Paquito ? !

Usé par le rythme des numéraires. Les directeurs avaient perçu les symptômes de dépression. Afin de « protéger » sa vocation, ils l'avaient emmené consulter un psychiatre numéraire en ville, dans le dos de ses parents.

Paquito cessa d'être numéraire par « consentement mutuel ». Sa vie est partie dans une spirale dont il n'est toujours pas maître et dont il ne sortira peut-être jamais vraiment, même si aujourd'hui, bien des années plus tard, il se sent mieux.

Si des membres ou sympathisants de l'organisation crient à l'affabulation, je répondrai que j'ai vécu cette histoire de près car Paquito, même si ce n'est pas son vrai nom, est mon frère.

Le nombre de malades psychiques dans l'Œuvre est élevé. Suivant de très nombreux témoignages, dans les centres de numéraires âgés (c'est-à-dire de plus de trente-cinq ans), plus d'une personne sur deux prend des médicaments pour soigner une névrose ou une dépression chronique.

Nous abordons ainsi une question plus que problématique dans la pratique de l'Opus Dei : tout malade est systématiquement dirigé vers des médecins appartenant à l'Opus Dei, ce qui pose de sérieux problèmes de déontologie, d'autant plus que le secret professionnel est loin d'être respecté.

L'Opus Dei, de concert avec les psychiatres qui se prêtent au jeu, traite comme dépression des déficiences qui n'en sont pas, comme par exemple des névroses d'adaptation, des névroses d'anxiété, des névroses dues à une privation affective, etc. Le traitement préconisé est presque toujours pharmacologique, écartant résolument le traitement de la source des problèmes. La sauvegarde de la « vocation » reste l'objectif primordial, et la sortie de l'Opus Dei (même si dans bien des cas elle résoudrait le problème) catégoriquement exclue.

De la sainteté au perfectionnisme

En liant obéissance, amour, travail, sainteté à une obligation de résultat via l'excellence, la formation inculquée par l'Opus Dei génère obligatoirement frustrations et culpabilités. Le but qu'elle fixe ne peut, par nature, être atteint. Mais ses membres restent persuadés que cela est dû à leurs propres insuffisances. La tête dans le guidon, ils pédalent toujours davantage, accrochés au mot DEVOIR. Ils pédalent seuls – les tandems sont interdits –, concentrés sur l'efficacité du pédalage, sans regarder le paysage. Voient-ils encore le sommet ? Le programme d'auto-perfectionnement, que ne vient jamais nuancer la raison du cœur, s'effectue au détriment de leurs familles, de leurs proches, d'eux-mêmes.

Ils s'accusent en confession de fautes imaginaires, comme n'avoir récité que quatre dizaines de rosaires au lieu de cinq ou avoir été distraits pendant l'oraison. Parallèlement, ils deviennent insensibles à leurs fautes réelles, comme le mensonge sous forme de demi-vérités, la violence psychique envers les mineurs, l'humiliation, le viol des consciences, du secret de la correspondance, etc.

La charité disparaît au profit de l'observance scrupuleuse des coutumes, des normes, des pratiques, des comportements, qui constitue l'« esprit de l'Œuvre » et dans laquelle repose, paraît-il, la sainteté. Dans la mesure où celle-ci est assimilée à la recherche de la perfection humaine, la boucle est bouclée, la ceinture se ressert :

> Que penserais-tu de quelqu'un qui garderait de l'argent pour lui, même s'il ne s'agissait que de dix centimes ? Il aurait mauvais esprit. Cet enfant irait mal, très mal. Il serait en train de corrompre l'Œuvre, en détruisant la sainteté de tous ; il ferait du mal à tous ses frères, et surtout à lui-même[1].
>
> Tu connais la doctrine du corps mystique, de la communion des saints. Eh bien, tu serais en train de nuire à tes frères, à ceux qui viendront après toi et à toi-même, au corps tout entier de l'Œuvre[2].

La communion des saints revisitée par Mgr Escriva fait du minime l'essentiel. L'esprit chasse l'Esprit, l'Œuvre de Dieu entière sera souillée parce que l'un de ses membres aura gardé dix centimes pour lui, ou tracé sa raie de travers.

> Nous devons rechercher la perfection chrétienne, la sainteté, afin de ne pas décevoir Dieu (qui nous a choisis personnellement), mais aussi tous ceux qui attendent tant de notre travail apostolique. Et aussi pour des raisons humaines :

---

1. Saint Josémaria, méditation, 7 mars 1962.
2. Saint Josémaria, méditation *Le bon pasteur*, 12 mars 1961.

nous luttons par loyauté pour donner le bon exemple[1].

Nos plus petites défections ayant un retentissement universel, notre vigilance doit s'exercer à tout instant pour « ne pas décevoir Dieu ni les autres ». Malheur à celui qui s'enferme dans une telle logique ! Nous ne sommes plus dans le cadre nécessaire, légitime, de l'effort sur soi-même, mais bien dans celui d'une chasse à l'homme ouverte en soi, un véritable hallali.

Si vous êtes fidèles, servir les âmes et la Sainte Église donnera d'abondants fruits spirituels[2].

Si vous êtes sincères, quoi qu'il arrive, vous serez fidèles et heureux[3].

Dans leurs prédications, les prêtres de l'Opus Dei raisonnent souvent à l'inverse, renversant en quelque sorte la charge de la preuve : on ne donne pas de fruits spirituels ? C'est que l'on n'est pas fidèle. Dieu ne nous récompense pas ? C'est que nous ne sommes pas humbles. On n'est pas heureux ? C'est que l'on n'est pas sincère, etc. En conséquence, si quelque chose ne va pas dans le sens voulu par les directeurs, il

1. Saint Josémaria, Lettre *Videns eos*, 24 mars 1931, n° 57.

2. Saint Josémaria, Lettre *Videns eos*, 24 mars 1931, n° 46.

3. Saint Josémaria, tertulia, 2 octobre 1969, en *Méditations*, IV, n° 134.

faut trouver la règle que l'on n'a pas respectée. Recherche épuisante ?

Lorsque nous nous décourageons dans notre lutte, c'est que nous sommes orgueilleux. Nous devons être humbles, avec le désir d'être fidèles[1].

Très simple.
Et redoutablement « efficace ».

1. Saint Josémaria, Lettre *Videns eos*, 24 mars 1931, n° 24.

12

Les dérives de l'apostolat

Quand on cherche à s'informer sur l'Opus Dei à travers son site officiel, les articles sur l'aide aux nécessiteux, aux immigrants ou au tiers-monde sont bien en évidence. On pourrait en conclure que l'Œuvre se consacre essentiellement aux personnes en détresse. Est-ce la réalité ?

Observons de plus près le *Catéchisme de l'Œuvre* pour évaluer la place réservée à la charité :

> Quelles vertus doivent pratiquer les fidèles de l'Opus Dei ?
>
> Les fidèles de l'Opus Dei doivent pratiquer toutes les vertus théologales et cardinales, imprégnées d'un profond sentiment de filiation divine.
>
> Ils doivent vivre en particulier la charité, l'humilité personnelle et collective, le sens du travail, l'obéissance et la docilité, la simplicité, le naturel, la sincérité, la loyauté, la chasteté, l'ordre, le détachement des biens de ce monde, la pauvreté, la sobriété, l'optimisme, la joie, la fermeté, la noblesse et le courage[1].

1. § 131.

Parmi les vertus citées par le fondateur, l'accent est porté sur :

— les vertus qui soumettent l'individu : l'humilité personnelle et collective, l'obéissance et la docilité, la simplicité, la franchise, la loyauté ;

— les vertus qui soumettent le corps : la chasteté, l'ordre, le détachement, la pauvreté, la sobriété, la fermeté ;

— les vertus utiles à l'apostolat : le naturel, l'optimisme, la joie, la noblesse, le courage.

Le point suivant du *Catéchisme* explique avec clarté ce qu'est la charité :

> Pourquoi les fidèles de l'Opus Dei doivent-ils pratiquer de manière spéciale la charité ?
>
> Comme tous les chrétiens, les fidèles de l'Opus Dei doivent pratiquer de manière spéciale la charité, parce qu'elle est l'essence même de la sainteté.
>
> Précisément, la vertu de la charité – aimer Dieu par-dessus tout et aimer toutes les âmes par amour pour Dieu – pousse les fidèles de l'Opus Dei à rechercher Dieu dans toute relation, dans leur travail et dans les petits et grands événements de chaque jour, en les transformant en occasion et moyen de sanctification et d'apostolat[1].

Pour l'Opus Dei, être charitable avec quelqu'un, ce n'est pas l'aimer et l'accepter tel qu'il est, ce

1. *Ibid.*, § 132.

n'est pas l'aider à grandir en accord avec ses propres objectifs, ce n'est pas pourvoir à ses besoins matériels. C'est vouloir le rapprocher de Dieu. Le *Catéchisme* poursuit encore plus clairement :

> Quelles caractéristiques spéciales doit avoir la charité des fidèles de l'Opus Dei ?
>
> La charité des fidèles de l'Opus Dei doit les pousser à profiter de toutes les occasions pour approcher les âmes de Dieu.
>
> C'est pourquoi la première manifestation de cette charité doit être l'apostolat de la prière, de l'exemple, d'une amitié loyale et sincère, accompagnée d'une phrase ou d'un conseil opportun[1].

La charité a un but. Nous sommes bien loin de l'encyclique de Benoît XVI :

> La parabole du bon Samaritain nous enseigne que la charité chrétienne est avant tout et tout simplement une réponse à un besoin immédiat, dans une situation donnée : rassasier ceux qui ont faim, vêtir ceux qui sont nus, soigner les malades afin qu'ils guérissent, visiter les prisonniers, etc. [...]
>
> De plus, la charité ne doit pas être un moyen au service de ce que l'on appelle aujourd'hui le prosélytisme. L'amour se donne gratuitement. On ne s'en sert pas pour parvenir à des fins[2].

1. Ibid., § 133.
2. Benoît XVI, *Deus caritas est*, 25 décembre 2005.

On recherchait vainement dans le *Catéchisme de l'Œuvre* une quelconque « aide désintéressée envers son prochain ».

L'esprit de l'Opus Dei est-il encore chrétien ?

Tammi A. Di Nicola
(États-Unis, 10 juin 1993)

L'Opus Dei lance de nombreux projets d'aide sociale qui, vus de loin, ont l'air aussi formidables qu'altruistes.

Cependant, s'abritant derrière les efforts entrepris auprès des déshérités, l'Opus Dei cache son véritable objectif : recruter de nouveaux membres. J'ai été numéraire pendant deux ans et demi et j'ai donc pu observer ceci de près. Ce qui suit n'est que le fruit de ma propre expérience.

L'été 1989, lorsque je faisais encore partie de l'Opus Dei, une directrice m'a demandé d'organiser des cours d'informatique pour des lycéennes étrangères. La publicité annonçait : une occasion magnifique pour des jeunes filles de venir apprendre l'anglais, l'informatique et le mode de vie américain aux États-Unis, tout en profitant de Boston et de ses environs.

Quelques-unes de ces jeunes filles connaissaient l'Opus Dei, mais la plupart n'en avaient jamais ou très peu entendu parler.

Une semaine après leur arrivée, je fus convoquée à une réunion avec toutes les autres numéraires participant à ce projet. La teneur de la réunion me surprit, mais je n'ouvris pas la bouche.

Une des numéraires distribuait un tableau avec le nom de toutes les lycéennes. À l'appel de chacun des noms, quelqu'un commentait qu'une telle ou une telle était « prête à demander l'admission dans l'Œuvre », qu'une telle s'était confessée à un prêtre de l'Opus Dei, qu'une autre « allait à la messe tous les matins », que « la sœur de celle-ci était de l'Œuvre », etc.

En repensant par la suite à cet événement, j'ai réalisé la violation flagrante de l'intimité et la manipulation qu'il révélait. Mais à l'époque j'étais membre de l'Opus Dei et je croyais l'Œuvre parfaite. Si je doutais, ce n'était que faiblesse de ma part, ou mauvais esprit.

Pourtant, j'éprouvais de la peine pour toutes ces filles qui croyaient être venues apprendre l'anglais en se détendant et que l'on poussait à s'adapter à la manière de vivre de l'Opus Dei. Elles étaient jeunes, vulnérables, elles ne se doutaient de rien et étaient incapables d'affronter cette tension intérieure qu'on leur instillait. L'une d'elles se sentait toujours mal, je crois qu'elle a même eu une légère crise de nerfs. En tout cas, elles attendaient leur départ avec impatience.

Cet été-là, il y eut de nombreux projets sociaux dirigés par d'autres numéraires, dont un camp avec des enfants des quartiers pauvres de Boston. Le but était en fait de sélectionner parmi les étudiantes recrutées pour encadrer ces activités celles qui pourraient entrer à l'Opus Dei.

Convaincus par le fondateur que « la plus grande grâce qu'un être puisse recevoir après celle du baptême, est la grâce de la vocation à l'Œuvre », les responsables de l'Œuvre restent persuadés que la manière la plus efficace de christianiser le monde consiste à augmenter le nombre de vocations à l'Opus Dei, spécialement celles des numéraires. Pour eux, il ne s'agit pas de prosélytisme mais bien d'offrir à chacun le salut individuel qui contribuera au salut du monde. La conquête de nouveaux membres précède l'avènement du royaume du Christ sur la terre.

TROISIÈME PARTIE

LE FANATISME DE L'OPUS DEI

13

De la sainteté de l'Église à la sainteté de l'Opus Dei

Saint Josémaria était convaincu d'avoir reçu le 2 octobre 1928 une inspiration divine pour fonder l'Opus Dei. Cette inspiration a donné son nom à l'organisation, *Opus Dei – Œuvre de Dieu*. Elle a été finalement reconnue par le Vatican et a reçu en 1982 le statut de prélature personnelle.

> Le *Catéchisme de la prélature de la Sainte-Croix et Opus Dei* est l'explication de ce qui a été prévu dans les statuts de la prélature, afin que les fidèles de l'Opus Dei puissent connaître le droit particulier et l'esprit de l'Œuvre.
>
> On doit considérer les normes des statuts de la prélature comme saintes, inviolables et perpétuelles[1].

L'Opus Dei, dans son interprétation de la forme juridique de la prélature personnelle, se compare à un diocèse. En conséquence, elle prétend appartenir à la structure hiérarchique de l'Église catholique. Cela faisant, elle s'approprie

1. *Catéchisme de la prélature de la Sainte-Croix et Opus Dei* (édition 2003), n° 349, n° 354.

non seulement les caractéristiques propres à l'Église, mais, prétendant être la manifestation directe de la volonté divine, elle s'accapare également les attributs de Dieu lui-même : sainteté, inviolabilité, perpétuité. Cette sacralisation consacre l'absolutisme de l'institution.

L'Opus Dei est si consciente de la mission reçue de Dieu, qu'elle s'estime supérieure aux autorités du Vatican et n'accepte pas le statut juridique que l'Église lui a imposé. Les prélatures personnelles s'exercent en effet dans un cadre associatif, elles ne sont pas une structure hiérarchique. Les responsables de l'Opus Dei refusent également de se soumettre à la décision du Vatican qui, en lui assignant ce statut de prélature, a stipulé expressément que seuls les prêtres peuvent être membres de l'Opus Dei, les laïcs ne pouvant que coopérer de l'extérieur aux activités menées par la prélature. Pour s'en convaincre, il suffit de lire la partie du Code de droit canon qui parle des prélatures personnelles :

> Can. 294 – Des prélatures personnelles constituées de prêtres et de diacres du clergé séculier peuvent être érigées par le siège apostolique.
>
> Can. 296 – Moyennant des conventions établies avec la prélature, des laïcs peuvent s'adonner aux tâches apostoliques de la prélature personnelle.

Si certains prêtres du clergé séculier peuvent faire partie d'une prélature, il est clair, en revanche, que la coopération des laïcs s'effectue sur la base d'un contrat librement établi et résiliable par les deux parties. Ceci ne correspond pas à la réalité dans l'Opus Dei. L'adhésion y est présentée aux membres (y compris aux mineurs) comme étant de nature proche du sacrement de mariage ou du sacerdoce. C'est totalement faux !

Un autre abus consiste à confondre la volonté de Dieu avec celle des directeurs. Dans les règles codifiant l'obéissance monastique, il est acquis que le supérieur n'a pas toujours raison. Dans l'Opus Dei, en revanche, le directeur-représentant-de-Dieu a toujours raison :

> L'esprit de l'Œuvre incite ses membres à avoir une confiance à la fois fraternelle et filiale envers tous les directeurs, sans crainte ni méfiance. Il les pousse à les considérer comme les représentants de Dieu notre Seigneur[1].

> Les conseils reçus pendant la direction spirituelle avec le directeur ressembleront habituellement à des orientations ou des conseils, mais celui qui les reçoit doit les accepter « comme s'ils venaient de Jésus-Christ Notre Seigneur lui-même »[2].

> Nous ne pouvons oublier que là où nous sommes le plus efficace, c'est là où nous ont placé les directeurs : car telle est la volonté de Dieu[3].

1. *Ibid.*, n° 151.
2. *Expériences sur la manière de mener l'entretien fraternel*, 19 mars 2001, p. 12 et 49.
3. Saint Josémaria, *Instruction*, 31 mai 1936, n° 10.

La vénération vouée au fondateur est tellement intense qu'elle devient ambiguë. Là où le chrétien est invité à revêtir le Christ, pour un membre de l'Opus Dei, imiter le fondateur pourrait devenir une fin en soi.

> Nous devons toujours agir comme le ferait notre Père : c'est le critère le plus sûr[1].

> Mère, fais que nous ressemblions de plus en plus à notre fondateur, ainsi nous serons tes bons fils[2].

Cette vénération n'est pas un culte inventé par les ardents successeurs du fondateur. Saint Josémaria se considérait lui-même comme un prophète, comme le porte-parole du Seigneur :

> Si vous n'écoutez pas mes indications, Dieu vous demandera des comptes. Car Jésus-Christ passe par moi pour s'adresser spécialement à vous[3].

> Si vous ne passez pas par ma tête, si vous ne passez pas par mon cœur, vous avez perdu le chemin, vous avez perdu le Christ[4].

---

1. Méditation *Ressembler à notre Père*, Crónica, juin 1985, p. 590-596.
2. Don Alvaro, Réunion, 26 juin 1977, *Crónica*, 1977, p. 763.
3. Saint Josémaria, méditation *Le bon pasteur*, 12 mars 1961.
4. Saint Josémaria, *Méditations IV*, p. 354.

Son premier successeur, don Alvaro del Portillo, accroît encore la confusion entre l'imitation du Christ et l'imitation du fondateur :

> Notre Père [le fondateur] ne pourra agir en nous que si nous développons une attitude docile à l'action du Saint-Esprit qui nous pousse à nous laisser modeler par les directeurs, à bien accepter la correction fraternelle, à ouvrir notre cœur avec sincérité dans la direction spirituelle... Ainsi la grâce de Dieu entrera à flots dans notre âme et nous transformera en Opus Dei. Et, si nous avons été fidèles, quand nous nous regarderons dans le miroir de l'examen de conscience, nous ne verrons pas le pauvre reflet d'un être plein de misères, mais le visage de notre modèle, Jésus-Christ, et celui de notre Père[1].

On ne sait plus très bien si c'est le Saint-Esprit qui agit en nous, ou le fondateur. Peut-on compter sur les directeurs pour nous éclairer ?

Analyse publiée le 24 octobre 2008

E.B.E., observateur très pertinent de l'Opus Dei, fait remarquer qu'elle repose sur une mystification du concept de « vocation ». En effet, l'Œuvre attire de nouvelles recrues en leur parlant d'une « vocation totalement laïc au milieu du monde », alors que l'obéissance rigide qu'ils devront vivre

1. Don Alvaro, tertulia, 26 juin 1977, *Crónica*, 1977, p. 763.

dans leur réalité quotidienne évoque la plus rigoureuse des pratiques monastiques.

Ensuite, pour l'Opus Dei, cette vocation est irrémédiable, elle ne peut être rejetée sans mettre gravement en danger le salut éternel de l'adepte.

Enfin, son fondateur s'est autoproclamé l'envoyé spécial de Dieu, chargé d'une mission historique sans précédent. Son Œuvre se considère donc comme une institution prophétique et, à ce titre, se place au-dessus de l'Église, des évêques et des papes.

Ce dernier point est le plus inquiétant, car Escriva recrutait ses membres avec la même autorité que le Christ lorsqu'il appelait ses disciples à le suivre. Il présentait la vocation à l'Opus Dei comme transcendante, éternelle, irrémédiable, et allait jusqu'à proférer des malédictions contre ceux qui cesseraient de suivre ses pas. Lui dire non, c'était dire non à Dieu.

De nombreux individus ont fondé tout au long de l'histoire de l'Église des ordres ou des congrégations religieuses mus par une inspiration divine, c'est-à-dire une révélation intime. Cependant, ils ne l'ont jamais exprimé comme une volonté divine dogmatique en osant proclamer que « Dieu a parlé aux hommes à travers eux ». Les règles de saint Benoît furent considérées en leur temps comme un écrit jailli de l'esprit d'un homme nécessitant l'approbation de l'Église, alors que les règles d'Escriva prétendent être une « révélation divine ». L'Église serait donc moralement obligée de les reconnaître.

Aujourd'hui, ce sont les responsables de l'Opus Dei qui révèlent à l'Église le contenu de la révélation d'Escriva. Alors que l'Église a formellement imposé à l'Opus Dei une forme juridique qui définit l'Œuvre comme un phénomène associatif auquel seuls des prêtres peuvent appartenir, les responsables de l'Œuvre prétendent que l'Église s'est trompée et que leur prélature appartient à la structure hiérarchique de l'Église, donc qu'elle peut recruter des membres laïcs.

14

De la vocation à l'enfermement

En remettant la lettre de demande d'admission à l'organisation, les candidats expriment le choix d'une certaine vie spirituelle exercée dans le cadre de l'Église universelle. Très vite cependant, sous l'influence de la « formation » reçue, cette inclination va devenir un attachement quasi indéfectible à l'Œuvre. Cette organisation occupe dans le cœur de ses membres la place de l'Église, au point qu'ils finissent par s'approprier la conviction suivant laquelle il leur serait impossible de quitter l'Œuvre sans renier l'Église, sans trahir Dieu, et même sans perdre leur âme. Comment ce carcan psychique se forme-t-il ?

En premier lieu, l'idéologie opusienne développe chez les membres le mépris des biens de ce monde :

> Soyez fidèles ! Ne soyez pas idiots ! Et si nous avions l'occasion de faire le petit sacrifice d'offrir une parcelle de ce monde à Dieu et que nous ne le faisions pas, quel serait notre amour ? Soyez fidèles[1] !

1. Saint Josémaria, *Crónica* IX-60, p. 10.

Elle inculque ensuite aux membres la conviction que tout départ équivaudrait à un échec personnel total :

> Pour celui qui a déjà goûté à la saveur du don de soi, tomber ressemblerait à une trahison, à une misérable tromperie[1].

Hors de l'Opus Dei, point de salut. L'intention de rejoindre l'Église serait-elle une voie de perdition ? En tout cas, le fondateur est convaincu qu'une telle décision pourrait s'accompagner de grands malheurs :

> Mes enfants, vous ne trouverez pas le bonheur en dehors de votre chemin. Si l'un d'entre vous s'égarait, il n'aurait plus que d'immenses remords : ce serait un pauvre malheureux. Quand on abandonne sa vocation, ce qui peut être un bonheur tout relatif pour d'autres devient pour nous aussi amer que le fiel, aussi aigre que le vinaigre, aussi abject que l'arsenic[2].

Quel membre aurait envie de vérifier ces prédictions, en échange d'un bonheur tout relatif ? Mais d'où viennent ce fiel et cet arsenic ? Ne seraient-ils pas injectés par le fondateur lui-même ?

> On s'efforcera de lui faire comprendre [à celui qui veut quitter l'Œuvre] qu'avec le temps son

1. Saint Josémaria, Lettre *Videns eos*, 24 mars 1931, n° 45.
2. Saint Josémaria, méditation, 8 mars 1962, *Méditations*, tome III, p. 389.

cœur se remplira de chagrin et de honte face à Dieu, face à sa conscience et face aux hommes. Et que rejeter l'aide surnaturelle qu'on lui offre, surtout en ces moments d'aveuglement, signifie tenter Dieu notre Seigneur. Il risque de perdre le bonheur terrestre – *le gaudium cum pace* – et peut-être le bonheur éternel[1].

Enfer et damnation ! Quitter l'Œuvre, c'est donc sauter de la barque de saint Pierre dans l'Évangile, autrement dit de l'Église elle-même :

Dès que tu es monté dans cette barque, cette barque qu'est l'Opus Dei, [...] tu as offert à Jésus ta liberté, et tes ambitions personnelles sont devenues très secondaires. Tu peux te mouvoir librement dans cette barque, mais n'oublie pas que tu ne peux en sortir. [...] Si tu sors de cette barque, tu seras emporté par les flots, tu te dirigeras vers ta propre mort, tu périras noyé dans l'océan, tu cesseras d'être avec le Christ. [...]

Toi qui es monté dans cette barque de l'Œuvre parce que tu en avais envie, parce que sans aucun doute Dieu t'a appelé, tu dois répondre à cette grâce en te consumant, en transformant ton sacrifice, ce don de toi, en une offrande, un holocauste ! [...]

Si tu veux vivre, vivre éternellement dans l'honneur éternel ; si tu veux le bonheur éternel, tu ne peux sortir de la barque et tu dois souvent oublier tes ambitions personnelles. Moi, je n'ai qu'une

1. *Vade-mecum du gouvernement local,* 19 mars 2002, p. 64.

ambition, la même pour tous : obéir. Comme il est beau d'obéir ! [...]

Si dans cette pauvre et humble barque, tu as la nostalgie de cet avion que tu pilotais à la perfection, et que tu te mets à le regretter en pensant : Ah, cet avion pourrait m'emmener si loin ! Alors, va-t'en, va rejoindre un porte-avions, ici nous n'avons pas besoin de ton avion ! [...]

Dans cette barque, on ne peut faire ce qui nous chante.

Mon enfant, sois-en convaincu une fois pour toutes : quitter cette barque, c'est mourir. Et pour rester dans cette barque, tu dois soumettre ton intelligence. Tu dois accomplir un profond travail d'humilité : te donner, te consumer, t'offrir en holocauste[1].

Quand on croit dur comme fer que ces paroles viennent « spécialement du Christ » on se retrouve dans un état d'enfermement psychique rarement réversible. Don Alvaro, premier successeur de saint Josémaria, comparait tout abandon de l'Œuvre à la trahison de Judas :

Quel tragique mensonge que de prétendre camoufler l'infidélité sous les apparences de l'amour ! Judas a trahi le Seigneur pour de l'argent, d'autres ont abandonné saint Paul pour les plaisirs de ce monde... Au fond, il y a toujours de l'égoïsme et de l'orgueil. Le « moi » lorsqu'il s'égare rend impossible toute fidélité. Pour nous, la fidélité à notre appel signifie être fidèle à notre vocation

1. Saint Josémaria, méditation *Vivre pour la gloire de Dieu*, 21 novembre 1954.

chrétienne : à l'amour de Dieu. C'est ainsi que l'on comprend parfaitement ces paroles fermes de notre Père [du fondateur] : si l'un de mes fils s'en va, s'il cesse de combattre ou tourne le dos à sa vocation, il doit savoir qu'il nous trahit tous : Jésus-Christ, l'Église, ses frères dans l'Œuvre, toutes les âmes[1].

L'enfermement est total, toutes les issues sont barrées, notamment celles de secours que pourrait offrir l'amour humain :

Soyez sûrs que l'infidélité, s'attacher à un amour de la terre, serait le début d'une vie pleine d'amertume, de tristesse, de honte, de douleur[2].

Où est le Dieu miséricordieux, respectant la liberté de ses enfants ? Au travers de saint Josémaria, c'est un juge terrible qui s'exprime, torture et condamne par avance ceux qui quitteraient l'Œuvre de son prophète. Tous leurs efforts, leurs actions et leurs initiatives seraient dès lors entravés par ce dieu vengeur.

Au cas où cette menace se révélerait insuffisante, la prélature a prévu des sanctions matérielles à l'encontre de ceux qui la quittent. Voici le traitement que l'Opus Dei réserve à « ceux qui n'ont pas persévéré » :

Il faut éviter tout ce qui peut contribuer à donner – aux intéressés et à ceux qui sont fidèles à

1. Don Alvaro, lettre de mars 1992.
2. Saint Josémaria, Lettre *Videns eos*, 24 mars 1931, n° 23.

leur vocation – la fausse impression « qu'il ne s'est rien passé », qu'il n'est pas si grave d'être infidèle. [...] Il serait déplacé qu'après avoir abandonné leur chemin, ils commencent à collaborer professionnellement avec des personnes de l'Œuvre et qu'ils en tirent des bénéfices matériels[1].

Autrement dit, si, au sein de l'Œuvre, on travaillait pour une entreprise liée d'une manière ou d'une autre à un membre de l'organisation, on doit être licencié dès notre sortie de l'Opus Dei. Si l'on enseignait dans l'un de ses collèges, notre contrat sera déclaré invalide. Si l'on enseignait dans l'une de ses universités, on sera licencié sans reconnaissance aucune de nos compétences professionnelles. Si l'on y étudiait, on nous conseillera d'aller sans attendre voir ailleurs. Si notre société négociait des affaires avec des affiliés à l'Opus Dei, nos clients, fournisseurs et commandes se volatiliseront dans l'instant.

Bien entendu, tout cela par amour de Dieu et pour le bien de l'Œuvre, au cas où les traîtres penseraient, à tort, « qu'il ne s'est rien passé ».

Jacinta
(Espagne, 29 juin 2005)

J'avais dix-neuf ans. Mon désir de grandir, de devenir une femme, se heurtait à un infantilisme

1. *Vade-mecum du gouvernement local*, 19 mars 2002, p. 67.

réducteur, à des raisonnements sibyllins, aux différents « traitements de faveur » accordés aux plus âgées et à leurs caprices, à des corrections fraternelles ridicules et mesquines de directrices formatées, immatures jusqu'à la moelle et avides de l'intimité des autres... Tout un univers épuisant et artificiel.

Combien de semonces dans le confessionnal parce que la superstructure, comme je l'appelais, m'asphyxiait. On m'expliquait en long et en large que j'étais victime de mon orgueil, de mon esprit critique, de moi-même. « Domine, ut videam... » *(« Seigneur, que je voie » phrase du fondateur)...*

La seule idée de vieillir auprès de mes compagnes m'arrachait des larmes. C'est dans cet état d'esprit que je « fis la fidélité » [engagement définitif dans l'Opus Dei] parce que, selon les directrices, il était clair comme de l'eau de roche que je devais la faire.

Arriva ce qui devait arriver. Je commençai à avoir des insomnies et à dormir pendant la prière du matin. Mon petit déjeuner se composait de quarante corrections fraternelles sur le même thème. Je devins boulimique sans savoir ce qui m'arrivait. Moi qui étais plutôt maigre, je me mis à grossir de manière répugnante. Vinrent les crises d'angoisse, les peurs paniques de sortir seule dans la rue, d'être au milieu d'une foule, de dormir, de ne pas dormir.

Je voulais enseigner à l'université, mais les « opusiens » ne cessaient d'entraver ma « liberté de femme ordinaire ». Je ne pouvais rien faire, ni assister à des réunions de travail le soir ni parler avec mon directeur de thèse dans son bureau...

Je passais par des moments où je ne faisais que pleurer. J'essayais de me raccrocher à la prière, mais c'était le désert. Et, bien entendu, je ne pouvais en parler à personne et personne ne s'approchait de moi pour me demander ce qui m'arrivait. Commencèrent alors les voyages dans une clinique de l'Œuvre, les consultations auprès d'un spécialiste, spécialiste de quoi, je me le demande encore, car je n'ai jamais pu choisir moi-même mon médecin, et on ne me donnait aucune information sur les traitements que je prenais. Je ne connaissais ni les diagnostics posés ni les résultats de mes analyses médicales. Tout ce que je sais, c'est que je devais prendre un traitement « de cheval » qui perturbait ma mémoire, abîmait ma concentration et m'empêchait de continuer mes études. À cette époque, pratiquement seule dans cette maison, je commençais à ressentir la soif véritable d'une famille authentique, d'une affection sincère.

Devant l'ampleur du désastre, je ne mangeais plus, je pleurais le matin, je pleurais la nuit. On changea alors de ton à mon égard : les malades sont le trésor de l'Œuvre. Dieu m'avait voulue dans cet état et je devais l'accepter. Comme j'étais apparemment incurable, la maladie devenait ma nouvelle vocation.

À cette perspective, quelque chose se brisa en moi. Je perdis tout espoir, toute force pour lutter pour ma vocation et surtout pour continuer à vivre. Je demandais à Dieu : « Fais que je m'endorme pour ne plus jamais me réveiller... Dans ton infinie bonté, délivre-moi de cette vocation que je ne peux assumer. » J'avais offert toutes les forces de ma jeunesse pour répondre à cette demande du fondateur de « noyer le mal dans une abondance de bien » et je me retrouvais à supplier Dieu de mourir à l'âge de vingt-quatre ans... Et ce fut Dieu Lui-même qui, dans son infinie miséricorde – je ne plaisante pas, je lui en suis éternellement reconnaissante – réveilla en moi l'instinct de survie, déclencha l'alerte m'indiquant que quelque chose ne tournait pas rond. Alors, sans rien dire – je n'avais pas la force de parler –, je préparai mon départ.

Le harcèlement ne se fit pas attendre : j'avais fait de la peine au Père (le prélat), je leur devais encore de l'argent (sic !), toutes les malédictions de l'Apocalypse allaient s'abattre sur moi, je serais toujours malheureuse et rendrais les autres malheureux parce que j'avais tout raté...

Pourtant, quelques mois plus tard, j'avais retrouvé la santé, mon poids normal, repris mes études et découvert avec émerveillement la vie normale d'une fille de vingt-cinq ans.

Aujourd'hui, dix ans plus tard, je n'ai aucun regret d'être partie. J'ai un bon travail, un mari formidable qui a réconcilié en moi l'amour humain et divin. J'ai une petite fille magnifique, j'attends un bébé, je suis entourée d'amis. Désormais, je vis l'âme en paix, un sourire spontané aux lèvres, même si parfois la nuit des cauchemars « opusiens » reviennent me hanter.

Marina
(13 juillet 2005)

Voici le texte de la lettre que j'enverrai au Père ces jours-ci.

Cher Père,

Après avoir beaucoup réfléchi en présence de Dieu, je vous écris pour vous demander la dispense des engagements que j'ai pris en faisant la « Fidélité ». Après douze ans dans l'Œuvre, je suis totalement convaincue que je dois m'en aller. Je ne peux expliquer en quelques lignes une telle décision, je me concentrerai donc sur une seule idée : la désillusion.

Je prie sincèrement Dieu que tout ce que je vais dire serve à ce que les mêmes erreurs ne se reproduisent pas à l'avenir. Et je souhaite, mais j'en doute, que cela n'entraîne pas les réactions habituelles de défense telles que : « Cette fille a des problèmes, cette fille a peu de vision surnaturelle, cette fille manque d'objectivité. »

Je suis déçue parce que l'on m'a menti. Ou on m'a caché une partie essentielle de la vérité, ce qui revient au même.

On m'a menti quand je fréquentais l'Opus Dei en me disant que j'avais la vocation et qu'à l'évidence Dieu m'appelait à être numéraire. Personne ne pouvait avoir cette certitude. De plus, on m'a caché une information importante, j'aurais pu être surnuméraire, puisqu'il y en avait de mon âge.

On m'a menti lorsqu'aux différentes étapes de l'« admission », de l'« oblation », puis de la « fidélité », on ne m'a pas autorisée à affronter sérieusement les doutes que je ressentais. Il semble que le temps de discernement ne soit en fait qu'une formalité juridique, Dieu n'avait-il pas décidé de toute éternité que je serais numéraire ? Père, à quoi bon faire approuver par l'Église des étapes juridiques d'engagement, pour les considérer ensuite comme de simples formalités ? J'ai vraiment le sentiment que l'Opus Dei n'a pas le même discours envers la hiérarchie de l'Église, qu'envers ses membres !

On m'a menti lorsque l'on m'a dit que mes doutes sur ma propre vocation n'étaient qu'une tentation du diable : qui peut dire que mener une réflexion profonde sur le sens de sa vie est une intervention diabolique ? Une directrice a-t-elle vraiment la science requise pour savoir ce que fait ou ne fait pas le diable ? Je ne le crois pas, Père, car moi-même j'ai été directrice et je n'ai jamais pu diagnostiquer l'action du diable dans une âme. Lui attribuer ce qui nous dérange ou ce que nous ne comprenons pas ressemble plus à de la superstition. Superstition probablement diabolique…

On m'a menti quand on m'a dit que cette année Dieu voulait cent nouvelles vocations de numéraires dans mon pays. Nul ne sait combien Dieu désire de vocations. Je doute même qu'aujourd'hui il le désire : je ne peux croire que Dieu souhaite développer une institution qui trompe la bonne volonté des gens. À moins que l'Œuvre ne se mette à changer, j'ai plutôt l'impression que Dieu va arrêter d'envoyer de nouvelles vocations : Il veut le bonheur de ses enfants, non pas leur souffrance.

On m'a menti lorsque l'on m'a dit que je serais heureuse si j'étais fidèle. J'ai été fidèle, je suis malade de tristesse et en pleine dépression. À moins que la fidélité à une vie si artificielle n'engendre surtout des maux ?

On m'a menti lorsque je faisais remarquer qu'il y avait beaucoup de dépressions dans l'Œuvre et que l'on m'a répondu « pas plus qu'ailleurs. Cette croix est parfois une bénédiction de Dieu ». Il est évident qu'il y a plus de malades dans l'Œuvre qu'ailleurs, et si c'est une bénédiction de Dieu, j'ai du mal à croire qu'elle soit systématique ! Ne préférerait-Il pas que nous fassions appel à notre bon sens pour vivre une vie qui ne détruise pas notre corps et notre esprit ? Si la joie est une vertu propre à l'Opus Dei, pourquoi Dieu bénirait-il tant de numéraires avec la tristesse, l'angoisse et la dépression ?

Père, quelque chose ne va pas. Le pire étant que l'on ose dire que toutes ces choses sont bonnes, parce qu'elles viennent de Dieu qui est Père. Nous nous trompons nous-mêmes et nous trompons les autres.

On me ment lorsque l'on me dit que si je quitte l'Opus Dei, je mets en péril mon bonheur sur cette terre puis ma vie éternelle. Comment une directrice si inhumaine ose-t-elle parler de bonheur sur terre ? Qu'est-ce qu'une personne si attentive à mille critères sans importance, ignorante de ce qu'est l'affection, peut connaître du bonheur ?

Mais surtout, si nous savons si bien ce qui rend les gens heureux, pourquoi y en a-t-il tant qui s'en vont et pourquoi ceux qui restent sont-ils si tristes ?

Je ne comprends pas non plus comment on peut menacer quelqu'un de la damnation éternelle. J'ai appris dans l'Œuvre que le seul péché que l'on ne puisse pardonner est le « péché contre l'Esprit saint », parce qu'il consiste à désespérer et que Dieu ne peut pardonner à celui qui ne veut pas être pardonné. Père, quand on dit à quelqu'un qu'il met en péril sa vie éternelle, on le pousse au désespoir, on l'éprouve pour qu'il ne voie pas Dieu comme un père, mais comme un juge terrible qui condamne. En plus de me mentir, on tente de m'éprouver pour que je désespère. Existe-t-il un plan plus diabolique ? Je ne porte pas un jugement sévère sur ces directrices qui me mentent, j'ai moi-même menti à beaucoup de personnes, et souvent. Je leur ai demandé pardon chaque fois que je l'ai pu, ce qui m'a valu quelques corrections fraternelles.

Tous ces mensonges (plus ou moins conscients) autour de moi m'ont si profondément déçue qu'il m'est impossible de rester dans l'Œuvre. Je vous prie de ne pas retarder la dispense que je vous demande et, si cela dépend des directrices, qu'elles ne soient pas un obstacle pour m'empêcher de partir, vite. Je fais preuve de loyauté en respectant les étapes juridiques légales, j'attends donc de l'Œuvre cette même loyauté : qu'elle ne laisse pas traîner ma demande de dispense, car elle devra en répondre devant Dieu.

Je vous remercie de votre bonne volonté et d'être attentif au bien de l'Œuvre et de toutes les âmes. J'espère sincèrement que cette lettre pourra changer quelque chose à tout ce qui est mal, pour le bien du plus grand nombre.

Avec toute mon affection,
Marina

15

Du zèle au fanatisme

Avertissement aux femmes et aux hommes de bonne volonté :

1. En entrant dans l'Opus Dei, le nouveau membre sacrifie sa liberté, sa raison, son humanité :

> Quelle douleur, si un fils de Dieu s'avisait de vouloir redevenir maître de sa volonté qu'il avait donnée au service de cette Œuvre où règne la Croix salvatrice[1] !

> Je te demande, dès maintenant, une fidélité qui se manifeste dans le profit de ton temps, la maîtrise de ton orgueil, la décision d'obéir avec abnégation, ton effort pour maîtriser ton imagination[2].

> C'est mon esprit et il doit être le vôtre, mes fils et mes filles. Vous ne venez rien prendre dans l'Œuvre : vous venez pour vous donner, pour renoncer par amour de Dieu à toute ambition

1. Saint Josémaria, Lettre, 14 février 1974, n° 3.
2. Saint Josémaria, Lettre *Videns eos*, 24 mars 1931, n° 45.

personnelle. On doit tous renoncer à quelque chose, si nous voulons être efficaces et travailler comme Dieu le veut, comme un âne fidèle, *ut iumentum* ! La seule ambition d'un bon bourricot est de servir, d'être utile[1].

Il te faut obéir coûte que coûte, en y laissant ta peau[2].

2. Un membre de l'Opus Dei n'a pas le droit de douter de sa vocation. Conditionné par son choix, il ne peut plus faire marche arrière :

Lorsqu'on a vu clairement sa vocation, ne serait-ce qu'une seule fois, ne serait-ce que la première et dernière fois, quand on a mis la main à la charrue, on doit continuer pour toujours, par fidélité, sans se retourner[3].

Le devoir d'accomplir ses promesses *pacta sunt servanda*, selon l'expression classique, a été reconnu par tous les peuples comme une obligation morale qui va de soi, et comme condition sine qua non pour former toute société et communauté entre les hommes : seuls les animaux sont à la merci de leurs instincts ; la créature humaine soumet les impulsions désordonnées de ses passions ou de sa volonté à la lumière de la raison, qui en

---

1. Saint Josémaria, Lettre *Res omnes*, 9 janvier 1932, n° 85.
2. Saint Josémaria, cercle bref, 10 juin 1962.
3. Saint Josémaria, Réunion, 23 juin 1959 (*Crónica*, VI-58, p. 7).

plus, pour les chrétiens, est illuminée par la foi et renforcée par la grâce de Dieu. C'est pourquoi le Nouveau Testament ne mâche pas ses mots pour décrire ceux qui se laissent dominer par le caprice de leurs sentiments : ils sont semblables aux nuages vides poussés par les vents, aux arbres d'automne sans fruits, deux fois morts, déracinés ; aux vagues furieuses de l'océan qui rejettent l'écume de leurs impuretés ; aux astres errants voués à l'obscurité des ténèbres pour l'éternité. Jude I, 12-13[1].

Le Créateur nous a choisis de toute éternité pour cette vie de don total : *elegit nos in ipso ante mundi constitutionem* (Ep 1, 4), Il nous a choisis avant même la création du monde. Aucun de vous n'a le droit, quoi qu'il arrive, de douter de sa vocation divine : Dieu nous donne une lumière, une force intérieure, gratuitement. Il veut que nous unissions notre faiblesse à sa Tout Puissance, nos ténèbres à sa lumière. Il nous cherche pour que nous participions à sa rédemption, avec une offre concrète dont nous ne pouvons douter, car face à mille raisons que nous connaissons par cœur, il nous donne un signe visible : le fait même de travailler dans son Œuvre avec une totale abnégation, sans aucune raison humaine. Si nous n'avions pas reçu cet appel de Dieu, tout ce travail plein de sacrifices dans l'Opus Dei nous mènerait vers l'asile de fous[2].

1. *Expérience sur la manière de mener l'entretien fraternel*, 19 mars 2001, p. 194.

2. Saint Josémaria, Lettre *Videns eos*, 24 mars 1931, n° 47.

La preuve irréfutable que l'on a la vocation à l'Opus Dei, c'est que l'on est... dans l'Opus Dei. Si on la quitte, tout le bien que l'on a fait n'est plus rien. La vie n'a plus de valeur en elle-même, elle se mesure à l'aune de son utilité à l'Œuvre.

> Si nous ne pouvions aller jusqu'au bout de notre don total, notre existence serait inutile, elle n'aurait servi à rien[1].

3. Le plus grand devoir d'un membre de l'Œuvre est de faire en sorte qu'aucun membre, y compris lui-même, ne puisse en sortir. Et ceci grâce à la vigilance :

> Un moyen indispensable pour se sauver de telles situations et seulement avec l'aide de Dieu, c'est une sincérité totale. Pour y arriver, il faut traiter [celui qui doute de sa vocation] avec une grande affection – pleine de vision surnaturelle – en l'aidant à mettre son âme à nu devant les directeurs. Il doit être humble et docile : c'est le chemin sûr pour qu'il persévère, avec la grâce de Dieu qui ne lui manquera pas.
>
> Il faudra lui faire voir la bonté de Dieu et l'encourager au repentir ; lui parler de la vraie liberté des enfants de Dieu, qui consiste à se soumettre et qui se concrétise par l'obéissance. Il faudra lui montrer ce que la fidélité apporte à son salut éternel et le mal que l'infidélité peut faire à tant d'âmes ; lui conseiller de ne pas prendre pré-

---

1. Saint Josémaria, Réunion, 19 mars 1972 (*Crónica*, IV-72, p. 53).

cipitamment une décision qu'il risquerait de regretter toute sa vie. [...]

Il faudra aussi découvrir avec prudence s'il fréquente intimement quelqu'un en particulier ; s'il recherche le conseil d'un prêtre étranger à l'Œuvre au lieu de se confier à ses frères ; quel genre de correspondance il tient : il écrit peut-être à sa famille, à des amis ou à d'autres personnes qui lui donnent de mauvais conseils ; quels livres il lit et s'il a des problèmes dans son travail[1].

En outre, comme je vous l'ai souvent répété, si quelqu'un partait sans que l'on puisse en expliquer la cause, je n'hésiterais pas à accuser de péché, et même de péché grave, les directeurs et mes enfants qui auraient vécu à côté de cette personne[2].

Soyez en sûrs, mes enfants, en matière de foi, de pureté et de vocation, tout est important. Si l'on écrivait l'histoire des déserteurs, on pourrait constater qu'ils commencent toujours par une série de petits abandons dans le domaine de la foi (par exemple dans le culte liturgique), ou dans le domaine de la pureté (parce que l'on ne surveille pas bien ses sens), ou de vocation (parce que l'on dialogue avec les tentations contre la persévérance au lieu de les rejeter violemment). J'estime que dans ces domaines, tout est important. Toute

1. *Expérience sur la manière de mener l'entretien fraternel,* 19 mars 2001, p. 197.

2. Saint Josémaria, *Instruction pour les directeurs*, 31 mai 1936 (publiée et probablement rédigée en 1967), n° 97.

infidélité se manifeste très vite par une perte progressive de la joie à servir Dieu.

Cette personne – qui est déjà tombée ou qui est en train de tomber – répond avec insolence, elle a de mauvaises manières ; elle blesse par ses paroles, elle est agressive dans ses conversations (surtout sur des sujets politiques), elle est plus proche de ceux qui sont dans l'erreur que de ceux qui vivent à ses côtés, ceux dont elle partage la vie. Elle cesse de prier. Les plus orgueilleux dissimulent cette crise derrière le masque hautain de la froideur d'une attitude pseudo-intellectuelle. On ignore ce qu'il y a dans le cœur de ces hommes et femmes jusqu'au jour où l'on découvre qu'ils ne sont qu'imbus d'eux-mêmes.

Mes filles et mes fils, ne vous fiez jamais à votre opinion. Même après tant d'années, même si vous pouvez compter par dizaines vos années de persévérance, ne vous y fiez pas ! Soyez vigilants avec vous-même, aidez-vous les uns les autres[1].

Celui qui part a tous les torts. Face aux « déserteurs », la prélature jamais ne se remet en question : a-t-elle été à la hauteur de ses promesses ? S'est-elle vraiment comportée comme une famille ? A-t-elle aimé ? A-t-elle manifesté de la miséricorde ?... L'Opus Dei est sans taches, dit-elle, s'appropriant encore une caractéristique de l'Église.

4. L'Opus Dei légitime son déni de la liberté de conscience :

---

1. Saint Josémaria, Lettre, 14 février 1974, n° 21.

Certains prétendent que l'on ne peut « obliger » à persévérer une personne en état de crise objective ou subjective dans sa vocation chrétienne au célibat ou au sacerdoce, car ce serait la condamner à l'amertume et, dit-on, Dieu ne peut souhaiter à personne d'être malheureux.

Il est évident que c'est un raisonnement faux et très pernicieux[1].

Si la tentation nous venait de vouloir rabaisser les exigences de Dieu envers une personne, sous prétexte de se montrer « bon » ou « compréhensif » face à certaines circonstances, nous ne devrons jamais oublier que succomber à cette erreur provoquerait irrémédiablement – tôt ou tard – un préjudice grave à l'Œuvre et aux âmes[2].

La consigne s'applique tout particulièrement aux malades et fragilisés :

Si [une personne malade] a des pensées contre la persévérance, il faut l'écouter calmement, sans s'énerver, mais aussi en lui faisant comprendre que ce n'est pas un sujet à prendre à la légère. Sur ce point, en y mettant les formes, il faut lui rappeler fermement que Dieu donne la vocation pour toujours. D'autre part, il est évident qu'une personne dans un tel état ne peut raisonner normalement et encore moins prendre une décision qu'elle pourrait regretter par la suite[3].

---

1. *Expérience sur la manière de mener l'entretien fraternel*, 19 mars 2001, p. 192.
2. *Ibid.*, p. 106.
3. *Ibid.*, p. 207.

Voilà la « formation » que reçoit toute la pyramide issue de la prélature. Voilà probablement aussi la raison du soin que prennent les responsables de l'Œuvre à cacher ses *règlements internes* ! S'ils étaient aisément accessibles, l'Opus Dei pourrait-elle fonctionner en toute impunité dans le cadre de l'Église, comme elle le fait maintenant ?

Isabel Nath
(Espagne, 14 mars 2005)

Je n'ai pas quitté l'Opus Dei, on m'a jetée dehors. Cette même « grâce d'État » qui avait poussé les directrices à affirmer que j'avais la vocation de numéraire leur fit voir, cinq ans et demi plus tard, que je ne l'avais pas.

Je n'ai jamais eu la langue dans ma poche. Je disais toujours ce que je pensais, dans le respect, toutefois, des « règles ». Nous étions en mai 1985 et je venais de faire remarquer à la directrice de mon centre, avec qui je faisais aussi « l'entretien », quelque chose qui me semblait grave, même si tout le monde semblait trouver cela normal ou s'y être habitué. La directrice m'écouta, ne fit aucun commentaire, mais elle en parla à la délégation. Il faut préciser que ce que je dénonçais concernait la délégation elle-même. La directrice avait le devoir d'en parler au conseil régional, naturellement, mais à l'époque j'étais loin d'imaginer le va-et-vient d'informations confidentielles dans l'Opus Dei. Je ne pouvais imaginer non plus un tel manque d'éthique dans la manière de traiter les sujets.

Deux jours plus tard, je commençais à subir des pressions de la part de la directrice et du prêtre : y avait-il quelque chose en rapport avec la pureté dont je n'avais jamais encore parlé ?... J'étais stupéfaite. Tout d'abord parce que je n'avais pas l'habitude de cacher quoi que ce soit, mais, surtout, quelle mouche les avait piqués pour me poser une telle question ? Je répondis « non », croyant que l'affaire s'arrêterait là, car n'est-il pas vrai « que la parole d'un de mes enfants vaut plus que celle de je ne sais combien de notaires » ? [phrase du fondateur].

Ô naïveté, cela ne faisait que commencer ! La directrice et le prêtre me harcelèrent pendant deux semaines. Je devais entrer tous les jours au confessionnal, ce qui, bien sûr, attirait sur moi l'attention de tout le centre. Mes conversations avec l'un comme avec l'autre étaient démentielles, ils tentaient de me faire avouer des choses que je n'avais jamais faites. Comme cela durait souvent plus d'une heure, je finis par croire que j'avais vraiment caché quelque chose qu'il m'était impossible de me rappeler. Je ne faisais que répéter « s'il y a quelque chose dont je n'ai pas parlé, je ne m'en souviens pas, donc je ne peux rien avouer. Mais rassurez-vous, si un jour je me le rappelle, je vous le dirai tout de suite ». Tout pour en finir avec ces interrogatoires dignes de la Gestapo !

Finalement, tout s'arrêta subitement et à mon entretien suivant la directrice me dit « sans anesthésie » : « Tu dois y réfléchir dans la prière, mais les directrices pensent que tu n'as pas la vocation à l'Opus Dei. » Et moi, du haut de mes vingt ans, soudainement éclairée par une lucidité foudroyante du Saint-Esprit, je lui dis : « Si seules les directrices voient la volonté de Dieu dans l'Opus Dei, à quoi dois-je exactement réfléchir dans la prière ? » Elle me regarda, stupéfaite. Il planait un silence de mort. Et moi : « Donc si je comprends bien, il y a cinq ans, j'avais la vocation de numéraire, et maintenant je ne l'ai plus. Je ne vois alors aucune raison de rester au centre, je vais faire ma valise et partir sur-le-champ... N'est-ce pas ? » Réponse : « Isabel, ma fille, tu n'y vas pas de main morte ! »

Jamais je n'avais ressenti une aussi grande paix. Je me levai et laissai sur la table de la directrice mes preces *et ma mantille. Je revins cinq minutes plus tard et, devant une directrice mi-perplexe, mi-envieuse, déposai mes « disciplines » et mon cilice. Quand je lui dis que j'allais téléphoner à mon père, elle voulut venir avec moi. Elle avait peur car elle ne s'attendait pas à une réaction aussi rapide et concrète de ma part. Et surtout elle voyait que le scénario ne se déroulait pas comme prévu et cela, pour l'Opus Dei, relève du pur cauchemar. J'appelai donc mon père devant elle et lui répétai notre conversation. Mon père était surnuméraire depuis deux ou trois ans. Il resta un instant sans voix avant de dire qu'il viendrait me chercher dès le lendemain. La directrice essayait de savoir ce qu'il me disait, il s'en aperçut et se vexa.*

Lorsqu'elle comprit que mon père viendrait me chercher, elle m'arracha le téléphone des mains pour lui parler. Elle lui dit qu'elle m'accompagnerait elle-même dans quelques jours à Valence car l'Œuvre était une famille... (Oui, vous avez le droit de rire... Quel cynisme !) Mon père insistait, elle insistait, ils n'arrivaient plus à s'entendre. Finalement, mon père me demanda si j'étais d'accord avec ce qu'elle proposait. Moi qui étais au septième ciel et en pleine vision surnaturelle (la vraie), je lui dis : bien sûr, ne t'inquiète pas ! En fait, c'était surtout pour lui que je m'inquiétais.

Dans la soirée, les événements se précipitèrent, on m'obligea à méditer dans la prière sur la question : Ai-je ou non la vocation ? Je leur dis : « Oui, oui, bien sûr. » Et je passai ce temps de prière à faire des plans avec Dieu sur ma vie qui, à présent, commençait vraiment. Je voyais bien qu'ils ne pouvaient que m'accorder la « dispense », mais je m'attendais à tout de leur part. En tout cas, je n'avais plus rien à voir avec l'Opus Dei, désormais c'est moi qui décidais de ma vie et personne n'avait à me dire quoi que ce soit sur ce que je devais faire. J'étais vraiment en paix, sûre d'avoir pris la bonne décision. C'est eux qui devront rendre compte devant Dieu de ce qu'ils ont fait.

Oui, je me sentais heureuse et j'avais vraiment envie de partir.

J. O.
(Argentine, 29 avril 2004)

Il y a ceux qui, en quittant l'Opus Dei, disent avoir été l'objet d'une grande courtoisie et ceux qui, comme moi, se sont sentis traqués. Certains seraient donc traités avec élégance, tandis que d'autres doivent se battre pour partir. À quoi tient cette différence ?

L'Opus Dei tente d'éviter à tout prix le départ de l'un de ses membres, surtout si celui-ci peut « causer un scandale » à la société. Il est donc fréquent que le futur ex-membre doive quitter sa ville, voire son pays, non pas pour vivre mieux, loin des engagements contractés dans « l'Opus Escrivae », mais pour trancher tout lien qui pourrait encore l'y rattacher professionnellement, économiquement ou personnellement.

Cette procédure officielle se révèle particulièrement délicate lorsqu'il s'agit d'un membre ayant eu des charges de direction et donc connaissance de faits qu'il serait gênant de divulguer. Alors que l'intéressé est en pleine crise intérieure, on le somme d'éviter, dans son propre intérêt, toute tentative d'action à l'encontre de l'Œuvre. La situation est plus tragique encore lorsque celui-ci a sombré dans un état où il est incapable de tout discernement parce qu'on l'a rendu malade à force de le faire consulter des psychiatres, des psychologues et des guérisseurs de pacotille qui lui ont assené « un traitement de cheval ».

Tous les cas ne se ressemblent pas, bien sûr, mais lorsque la sortie se passe en douceur, il y a généralement une bonne raison. D'après mon expérience, on analyse méticuleusement dans quelle mesure ce dissident va continuer à évoluer dans un cercle social proche de l'Œuvre : s'il y a des membres de l'Opus dans sa famille, s'il travaille avec des gens de « la chose » et que son départ aurait des répercussions financières, ou si une attitude agressive à son égard pourrait nuire à l'image de « l'Opus Escrivae ». Je peux en témoigner, on étudie tous ces aspects dans leurs moindres détails.

Il y a aussi des cas plus subtils, comme celui du membre qui veut partir alors qu'il a toujours été un généreux donateur. S'il reste, il ne sera plus rentable ou il pourra donner une mauvaise image aux autres, parce que sa personnalité s'étant affirmée, il n'est plus conforme au standard du membre exemplaire, même si apparemment il n'a commis aucune faute.

Enfin, un certain nombre de « sorties » se font à l'amiable, tout simplement parce que le directeur de service est un chic type qui sait fort bien qu'il n'y a pas d'autres issues. Il prend alors le risque de s'écarter de « l'attitude officielle » et va même jusqu'à mettre gravement son âme en danger en allant prendre un café en cachette avec le dissident.

J'ai vécu tout cela personnellement lorsque j'ai dû me faire violence pour accomplir cette tâche ingrate de mettre quelqu'un dehors.

Sincèrement, j'ai connu plus de cas négociés avec « l'attitude officielle », même si j'ai vu aussi des gens partir « à l'amiable ». Toutes ces différentes expériences de départ ne sont guère surprenantes, mais ne nous leurrons pas, l'attitude officielle reste l'attitude officielle, tout le reste n'est que convenance et ne vise qu'à camoufler l'intolérance, l'irrespect et la violation opusienne de l'individu.

Dolores Castaños
(7 janvier 2009)

Lorsque je décidai de quitter l'Opus Dei, après y avoir passé treize années, on me dit que je ne serais jamais heureuse et que je serais damnée. Mes parents m'accueillirent – ou plutôt ce qu'il restait de moi – à bras ouverts. Trois mois plus tard, toute trace de dépression avait disparu.

Et voilà que l'autre jour, m'apprêtant à lire le journal sur Internet, j'ouvris le mail d'une amie. Nous nous étions perdues de vue durant une quinzaine d'années et reprenions contact. Elle se disait désolée d'apprendre que mon deuxième fils était atteint d'autisme. Elle l'avait appris par des directrices de l'Opus Dei qui présentaient ce fait comme l'une des « disgrâces » dont souffrent ceux qui abandonnent l'organisation !

Autrement dit, l'une des directrices de l'Opus Dei, que je ne connais pas – et quand bien même –, se servait de mon fils comme d'une menace ! Ils utilisaient le nom et la vie de mon fils pour manipuler les consciences de ceux qui voulaient partir, l'Opus considérant la maladie de mon fils comme un malheur qui se serait abattu sur moi parce que j'avais quitté la secte !

Évoquer le handicap de mon enfant est une grave atteinte au respect de l'intimité des personnes et, dans le contexte idéologique de l'Opus Dei, une diffamation grave et gratuite, une véritable calomnie. De mon côté, depuis que j'ai quitté l'Opus Dei, je n'ai jamais divulgué aucune information qui puisse nuire à l'image de ce que je considérais comme une institution digne de l'Église catholique. Lorsque j'avais publié quelques souvenirs de ma vie dans l'organisation, je m'étais bien gardée de ne citer aucun nom, par respect pour les personnes. Et elles se permettaient de commenter haut et fort des détails sur la vie de mes enfants, avec noms et prénoms à l'appui. Mes enfants mineurs !

Mais il est aussi très intéressant de s'arrêter quelques instants sur la vision que l'Opus a des enfants qui ne sont pas « parfaits ». Si cette directrice considère que le fait d'avoir un fils autiste est un châtiment, elle ne fait que suivre la pensée de son « Père ».

En effet, l'actuel prélat déclarait en 1997 devant des milliers de Siciliens : « Un sondage affirme que 90 % des enfants handicapés sont nés de parents qui ne sont pas arrivés purs au mariage » (Javier Echevarría, Sicile, 1997). Imaginons la colère d'une foule de Siciliens devant une affirmation aussi discriminatoire, primitive et remplie de préjugés. L'office de presse de l'Opus s'empressa de déclarer que le prélat avait commis une erreur de langage car il maîtrisait mal l'italien (il vit à

Rome depuis plus de quarante-cinq ans...). C'était tellement absurde que, quelques jours plus tard, ils déclarèrent qu'en fait le prélat « avait voulu parler des enfants qui naissent avec le sida ». Ils s'embourbaient de plus en plus au fil de leurs déclarations. Mais l'inculture du prélat ne mérite pas qu'on s'y attarde davantage.

Je préfère ce passage de l'Évangile : « Jésus vit en passant un aveugle de naissance. Ses disciples lui demandèrent : "Qui de lui ou de ses parents a péché pour qu'il naisse aveugle ?" Jésus répondit : "Ni lui ni ses parents. C'est pour que se manifestent en lui les œuvres de Dieu." » (Jn 9, 1-41).

À tous les directeurs de l'Opus Dei qui liront peut-être un jour ces lignes, sachez que mon fils n'est pas un désastre pour moi, mais l'une des plus belles choses qui me soient arrivées « pour que se manifestent en lui les œuvres de Dieu ».

Épilogue

L'Opus Dei a été fondée par des catholiques aussi fervents que conservateurs. Elle est devenue une organisation totalitaire qui présente toutes les caractéristiques d'une secte. Les citations présentées montrent cependant que l'absolutisme était en germe dès le début. Il s'est accru au fil du temps. Les idéaux proposés ne sont pas mauvais en eux-mêmes, mais l'exigence de totale soumission défigure le message évangélique. Il suffirait d'exercer selon l'exemple de Jésus lui-même la compassion, l'indulgence ou la bienveillance, pour assainir cette situation. Malheureusement, le fondateur leur préférait la « sainte intransigeance » et la « sainte oppression ».

Ce danger ne touche pas seulement l'Opus Dei, il concerne de nombreux mouvements ecclésiastiques adeptes d'une spiritualité autoritaire qui nie la liberté et l'autonomie de la personne, le plus souvent au nom d'une obéissance dévoyée, aliénante et manipulatrice.

Anselm Grün définit ce concept dans son livre *Une autre approche de la spiritualité* :

Une spiritualité autoritariste s'enracine dans les idéaux auxquels nous aspirons et les buts à atteindre par la prière et l'ascèse. Ces idéaux naissent à force d'étudier les Saintes Écritures, l'enseignement moral de l'Église et de nous projeter nous-même dans notre imagination. Voici les principales questions que pose une spiritualité autoritariste : à quoi doit ressembler un chrétien ? Que doit faire un chrétien ? Comment doit-il se comporter ? Une spiritualité autoritariste naît donc de l'aspiration à devenir toujours meilleur, à monter toujours plus haut, à s'approcher toujours plus près de Dieu. Cette spiritualité s'est essentiellement incarnée à travers la théologie morale de ces trois derniers siècles ainsi qu'à travers une ascèse transmise depuis la Renaissance. La psychologie contemporaine reste assez sceptique face à ce type de spiritualité qui peut conduire l'individu à sa propre déchéance. Quand on s'identifie à de tels idéaux, il arrive fréquemment que l'on étouffe en soi tout ce qui ne leur correspond pas. Ce qui provoque chez l'être humain sa propre déchéance et sa maladie. Cependant, la psychologie n'a rien à reprocher à la spiritualité non autoritariste des premiers moines : car il est certain que l'on ne peut trouver sa vérité intérieure que par la connaissance de soi[1].

Le concile Vatican II avait amorcé une réflexion sur le bien-fondé de nombreuses pratiques acceptées jusque-là et encouragé l'adaptation et la rénovation de la vie religieuse (voir le décret *Perfectae caritatis* du 28 octobre 1965).

1. Éditions WAM, Cracovie, 2005, p. 6.

Quarante ans plus tard, des institutions continuent à vivre une spiritualité qui met toujours autant l'accent sur l'effort personnel et l'obéissance aveugle aux directeurs. L'exemple de l'Opus Dei montre la dangerosité de ces pratiques qui ne doivent pas être tolérées. Une vie de prière, de sanctification du travail, la direction spirituelle, la fraternité, un certain apostolat, la référence à la morale, poussés à l'extrême, deviennent toxiques.

Sans intervention extérieure, cette organisation continuera à mettre des personnes en danger, sous couvert d'une mission d'Église.

Nous osons espérer que la publication de ce livre encouragera les autorités compétentes à intervenir.

ANNEXES

Pour retrouver les documents internes de l'Opus Dei dans leur intégralité, consultez le site :

www.opus-info.org

Pour contacter l'auteur, écrire à l'adresse :

bruno.devos@gmail.com

Annexe 1

Petit lexique opusien

Agrégés : hommes ou femmes laïcs célibataires qui vivent selon les règles monastiques les plus austères mais ne résident pas dans un centre de l'Opus Dei. Ils doivent avant tout accomplir minutieusement le plan de vie, donner à l'Œuvre tout l'argent qu'ils gagnent, attirer de nouveaux membres. Parfois, ils assurent la formation d'autres agrégés et de surnuméraires.

Aspirant : adolescent entre quatorze ans et demie et dix-huit ans, ayant écrit une lettre qui déclare son intention d'entrer dans l'Opus Dei. Si ses parents s'opposent à sa vocation, on conseille aux aspirants de cacher à leurs parents leur appartenance à l'Opus Dei.

Bon esprit : attitude de soumission et d'absence totale d'esprit critique. Les membres de l'Opus Dei doivent avoir un bon esprit, ce qui est aussi synonyme d'accomplissement strict poussé jusqu'au fanatisme de tous les critères.

Centre : lieu de résidence des numéraires et des prêtres. Il y a des centres pour hommes et des centres pour femmes. C'est là que se déroulent les différentes activités de « formation ».

Juridiquement, un centre est la propriété d'une institution (fondation ou association) contrôlée par le conseil régional. L'Opus Dei gère un important patrimoine sous couvert de ces institutions.

Centre d'études : lieu où sont formées les nouvelles recrues. Les jeunes numéraires y passent deux années avant d'être envoyés dans d'autres centres.

Confession : moyen de contrôle et de pression mentale : le prêtre ne donne pas l'absolution si certains péchés graves n'ont pas été révélés au directeur laïc.

Confiance : assurance qu'un membre de l'Opus Dei va respecter aveuglément les instructions de ses directeurs sans poser de questions.

Conseil central : ensemble des conseillers du prélat (directeurs centraux) qui siègent à Rome.

Conseil local : ensemble de trois directeurs et d'un prêtre, désignés pour la gestion d'un centre. Il comprend un directeur, un sous-directeur et un secrétaire. Le prêtre a une autorité morale particulière. Un prêtre ne vit jamais dans un centre de femmes, mais il y assure la direction spirituelle, la célébration de la messe, et la confession.

Conseil régional : ensemble des directeurs régionaux. Ils dirigent les directeurs locaux et dépendent des directeurs centraux.

Correction fraternelle : moyen de contrôle autre que celui exercé par le directeur : c'est le contrôle des membres par les membres.

Crise de vocation : au moment où le conseil local décide qu'un sifflable peut être utile à l'Opus Dei, il désigne un numéraire qui devra provoquer une crise de vocation chez la victime. Le numéraire déclare à cette dernière qu'il a vu distinctement sa vocation à l'Opus Dei et la harcèle sur son obligation à « répondre généreusement » à cette vocation. Il y a alors deux cas possibles :

1) la victime cède, elle demande l'admission (victoire pour l'Opus Dei) ;

2) la victime prend ses jambes à son cou, le plus loin possible de l'organisation (échec de l'Opus Dei).

Critère : règle du comportement décrite dans les vade-mecum.

Directeur local : numéraire qui a fait la fidélité, il vit dans un centre et a été nommé membre du conseil local. Il a pour mission d'appliquer au pied de la lettre les directives des gloses, instructions, vade-mecum, expériences, guides, cérémoniaux, catéchismes et règlements internes de l'Opus Dei. Il est sous les ordres du conseil régional et du conseil central.

Direction spirituelle : contrôle hebdomadaire exercé par le directeur. On doit faire à ce dernier un rapport minutieux sur sa conscience, y compris ses péchés et ses pensées les plus intimes, de la semaine. Il donne les objectifs à atteindre pour la semaine suivante.

Don : aliénation de soi pour l'Opus Dei.

Don Álvaro : le premier successeur de saint Josémaria. Communément appelé Alvaro del

Portillo, mais de son vrai nom Alvaro Portillez de Sollano (1914-1994). Entré dans l'Opus Dei en 1935, il a toujours été un proche collaborateur du fondateur.

Enfance spirituelle : doctrine qui sert à justifier l'infantilisation des membres de l'Opus Dei.

Fidélité : étape juridique qui correspond aux vœux perpétuels des religieux dans l'Église catholique. Elle engage à ne pas émettre la moindre critique envers les directeurs. Un numéraire ne peut être directeur qu'après avoir fait la fidélité. Et aussi suivre scrupuleusement la totalité du plan de vie et appliquer tous les critères des règlements internes.

Incorporation : entrée juridique dans l'Opus Dei par l'oblation ou la fidélité.

Instructions : ensemble de cinquante lettres de saint Josémaria : manifeste fondateur de l'Opus Dei.

Liberté : faire ce que les directeurs ont décidé.

Mortification : devises avec lesquelles on achète les grâces divines : plus on se mortifie, plus on est fidèle et plus il y a de nouvelles vocations.

Normes : dévotions du plan de vie.

Notre Père : le fondateur de l'Opus Dei, saint Josémaria Escriva de Balaguer né en 1902 sous le nom de Josémaria Escriba. Il deviendra le marquis de Peralta. Décédé en 1975, il a été béatifié en 1992 et déclaré saint en 2002.

Numéraire auxiliaire : femme laïc qui vit selon les règles monastiques les plus austères.

Elle réside dans un centre de l'Opus Dei et travaille obligatoirement toute sa vie aux tâches domestiques (cuisine, ménage, lessive) dans les centres de l'Œuvre. Dans certains pays, elle n'a pas de contrat de travail. Elle ne peut avoir accès qu'à une éducation en relation avec son travail. Elle ne peut sortir du centre (même pour se promener) sans l'escorte d'une numéraire.

Numéraires : hommes ou femmes laïcs célibataires qui vivent selon les règles monastiques les plus austères. Ils résident dans un centre de l'Opus Dei et sont tenus de changer de profession ou de ville quand les directeurs le leur demandent. Ils doivent avant tout accomplir minutieusement le plan de vie, donner à l'Œuvre tout l'argent qu'ils gagnent, attirer de nouveaux membres et les endoctriner. Ils doivent parfois travailler sans salaire et sans contrat au service de la bureaucratie de l'Opus Dei. C'est ce que l'on appelle le travail interne.

Oblation : première étape juridique qui lie l'individu à l'Opus Dei, autorisée à partir de dix-huit ans. En principe c'est un engagement d'un an, renouvelable le 19 mars, fête de saint Joseph.

Œuvre, l' : Opus Dei (du latin – Œuvre de Dieu).

Opus Dei : prélature personnelle de la Sainte-Croix et Opus Dei

Père, le : le prélat en place de l'Opus Dei. Il faut lui baiser la main et embrasser sur son passage la terre qu'il a foulée. Actuellement, c'est monseigneur Javier Echevarría Rodríguez, né à Madrid en 1932.

Persévérance : rester dans l'Opus Dei jusqu'à sa mort, même si cela engendre des états de dépression ou d'angoisse. Et si un membre n'apporte plus d'argent, il cesse d'avoir la vocation et est exclu de l'Œuvre.

Plan de vie : liste de dévotions qu'un membre de l'Opus Dei doit obligatoirement faire s'il veut être sauvé. La liste est partiellement exposée dans le chapitre « De la piété spontanée à la pratique obligatoire ».

Prélat : la plus haute autorité de l'Opus Dei. Il vit à Rome, assisté du conseil central.

Prêtre de l'Opus Dei : numéraire ordonné prêtre (sans vocation sacerdotale) à la demande du prélat. Curieusement, si un jeune homme manifeste des signes de vocation sacerdotale, il ne peut entrer dans l'Opus Dei. Un numéraire ne peut être ordonné prêtre que dans et pour la prélature. Il doit suivre une formation intense de six ans à Rome, à l'université pontificale de la Sainte-Croix, ou à Pampelune, à l'université de Navarre, un fief de l'Opus Dei en Espagne. Dans son centre, il joue un rôle d'officier de renseignements : il informe directement ses supérieurs du comportement des directeurs laïcs.

Prière : autres devises avec lesquelles on achète les grâces divines : plus on récite de prières, plus on est fidèle et plus il y a de nouvelles vocations.

Région : cellule administrative de l'Opus Dei au niveau national, dans chaque pays. Elle comprend la commission régionale pour les hommes et le conseil régional, pour les femmes.

Sifflable : personne qui a atteint le niveau désiré d'isolement avec son entourage et de dépendance émotionnelle à l'Opus Dei. À tout moment, le conseil local peut décider de provoquer une crise de vocation chez cette personne.

Siffler : écrire la lettre, c'est-à-dire solliciter son admission dans l'Opus Dei. La lettre ne parvient jamais au prélat, elle reste archivée dans le centre.

Sincérité : moyen de contrôle et de soumission à une obéissance aveugle. C'est paraît-il la vertu la plus importante et la conséquence de l'humilité.

Surnuméraires : hommes ou femmes laïcs qui ont leur propre famille et vivent dans leur propre maison. Ils doivent avant tout accomplir minutieusement le plan de vie, faire beaucoup d'enfants (toute méthode contraceptive leur est interdite), rapporter beaucoup d'argent et attirer de nouveaux membres. Ils doivent convaincre leur conjoint de rejoindre les rangs de l'Opus Dei si ce n'est pas encore fait. Ils doivent orienter l'éducation de leurs enfants vers la vocation de numéraires de l'Opus Dei le plus tôt possible (quatorze ans et demi). Actuellement, les couples de surnuméraires sont le réservoir le plus important de nouvelles vocations et il peut se produire de graves conflits familiaux lorsqu'un de leurs enfants quitte l'Opus Dei.

Vade-mecum : ensemble de principes que les directeurs doivent suivre pour gouverner. Les directeurs sont sélectionnés en fonction de leur fidélité à ces critères.

Vocation : en pratique, il s'agit du devoir moral d'appartenir à l'Opus Dei. Les directeurs décident qui a la vocation et qui ne l'a pas. En effet, il arrive parfois qu'ils considèrent qu'une personne n'est pas utile à l'Opus Dei, même plusieurs années après son incorporation. On déclare alors à cette personne qu'elle n'a finalement pas la vocation et on l'exclut de l'Opus Dei.

Annexe 2

Évolution de l'Œuvre : l'exemple de la Belgique

Témoignage d'Alfredo

1965-1975 : commencement et premiers fruits

Les premiers membres de l'Œuvre arrivèrent en Belgique le 8 juillet 1965 à Louvain, où s'installa le premier centre (Arenberg), qui fut rapidement organisé comme une résidence d'étudiants. Le centre fonctionne toujours. En 1969, on ouvrit un deuxième centre à Bruxelles : Langeveld. Au début, il y avait dans ce centre toutes sortes d'activités, du club pour enfants aux activités pour adultes. Actuellement, cette maison est occupée par le siège de la commission régionale. En 1975, un deuxième centre apparut à Bruxelles : Groenendael, au départ un club pour enfants, bien que maintenant il fonctionne comme centre pour adultes. De manière parallèle, plusieurs centres furent ouverts par les femmes de l'Opus Dei au cours de cette période.

Le premier Belge admis dans l'Opus Dei en 1964 étudiait en Espagne. Il est prêtre à présent.

Pendant cette première période sont entrés douze à quinze membres masculins, qui ne sont aujourd'hui plus que six – cinq prêtres et un laïc. De 1974 à 1976, le nombre de demandes d'admission augmenta, ce qu'on appelle la première vague. La deuxième vague de demandes d'admission eut lieu au début des années 1980. On estime que le nombre total de numéraires en 1975 était de vingt-cinq personnes réparties dans les trois centres existants, sans compter les nombreux mineurs âgés de quatorze ans et demi à dix-huit ans habitant chez leurs parents. Cette première décade fut également importante pour la prise de contact avec le monde universitaire et les hommes politiques.

1975-1985 : développement et premiers problèmes

Dans les années 1970, l'université catholique de Louvain se divisa en deux. La partie francophone s'installa à Louvain-la-Neuve, où l'Opus Dei ouvrit un nouveau centre, Bauloy, en 1976. Deux nouveaux centres s'installèrent : pour les adultes, Middelheim à Anvers en 1980, et pour les enfants, Narval à Bruxelles en 1985. Aucun autre centre n'a été ouvert depuis, ce qui aujourd'hui limite à six le nombre de centres en Belgique ainsi que six centres pour les femmes. Au début des années 1980 à Liège, un appartement a été réservé pour les activités des quatre ou cinq numéraires masculins, sans jamais qu'un centre ne s'installe dans cette ville.

En 1978, l'Opus Dei acquiert le château de Dongelberg, non loin de Bruxelles, pour en faire une maison de rencontres et de retraites. Le château n'est pas utilisé, mais la grande maison située sur la propriété a été entièrement rénovée de 1988 à 1992. C'est là qu'on organise les cours annuels et les retraites.

Dans cette deuxième décade de l'implantation de l'Œuvre en Belgique, il y eut entre vingt-cinq et trente demandes d'admission, parmi lesquelles il reste seulement cinq personnes – trois laïcs et deux prêtres. À cette époque, il y avait encore des numéraires qui venaient d'autres pays pour renforcer le développement de l'Œuvre dans cette région. En 1985, il y avait environ quarante-cinq numéraires répartis dans les six centres du pays.

En même temps, l'Opus Dei commença à avoir mauvaise presse avec, entre autres, la publication d'un livre contenant de sérieuses critiques de l'institution. L'image de l'Œuvre se détériorait dans les milieux catholiques de la classe moyenne, d'où venait précisément la majorité des jeunes membres. Le prosélytisme et les pratiques de l'Œuvre étaient de plus en plus connus dans ces milieux et dérangeaient beaucoup les familles de ces jeunes, particulièrement au sujet de l'éloignement des parents qui choque énormément dans les pays où la famille a une importance primordiale. Le témoignage des jeunes qui partirent et celui de ceux qui entretenaient un contact direct avec elle dessina un tableau très noir de l'Opus Dei au sein de la classe sociale qu'elle visait, au point que le club de Bruxelles se vida complètement – il ne restait plus que les enfants des surnuméraires – et dut ainsi déménager en 1985. La croissance constante des activités de l'Œuvre depuis 1975 se transforma en marasme dès 1985. Le même phénomène de déception et de distanciation arriva dans les milieux universitaires et politiques. Concrètement, il était devenu difficile de faire venir des professeurs ou des hommes politiques aux conférences organisées par les centres de l'Œuvre.

1985-1995 : stagnation

Comme je l'ai déjà signalé, aucun centre n'a été ouvert durant cette période. Un gros effort matériel a néanmoins été effectué pour les travaux de rénovation de la maison de retraite de Dongelberg. Il faut aussi signaler le conflit avec l'université catholique de Louvain-la-Neuve. Deux résidences estudiantines étaient installées dans des locaux loués à l'université – Bauloy pour les garçons, Neussart pour les filles. En 1994, l'université décida de ne pas prolonger le contrat de location afin de retirer son soutien à l'Œuvre. Les deux centres durent donc déménager rapidement. Deux terrains furent acquis pour la construction des nouveaux centres, qui dura un an et demi. Pendant les travaux, les numéraires habitaient dans un petit appartement et n'accueillaient pas d'étudiants dans leur « résidence ». Ces changements générèrent de gros besoins financiers et aboutirent à un endettement élevé de l'Opus Dei en Belgique.

Treize numéraires ont demandé l'admission pendant cette décennie. Il reste quatre personnes, toutes laïcs. Au même moment, treize numéraires quittèrent l'Œuvre. Jusqu'en 1990, quelques jeunes numéraires venaient en Belgique pour aider au développement de l'Œuvre. Depuis, les numéraires étrangers s'installent pour des raisons professionnelles et restent en général deux ou trois ans en Belgique. Quelques prêtres arrivèrent également pour remplacer ceux qui étaient repartis dans leur pays d'origine. En 1995, le nombre total de numéraires est de quarante-cinq. Le premier agrégé a demandé l'admission en 1993, et quatre autres l'ont suivi, jusqu'en 2005 – il en reste trois actuellement. Je ne sais pas exactement combien de numéraires auxiliaires ont demandé l'admission en Belgique, mais je ne crois pas qu'il y ait plus d'une Belge qui soit actuellement numéraire auxiliaire.

L'Opus Dei est un sujet qui fait vendre, régulièrement soulevé, la prélature étant toujours mal présentée. L'image de l'Œuvre dans les classes catholiques moyennes continue d'être assez négative et l'on observe un phénomène de claustration, la plupart des membres s'enfermant de plus en plus dans le milieu opusien.

Pour illustrer ce phénomène au niveau apostolique, il est intéressant de suivre l'évolution du nombre de participants de l'UNIV, le congrès annuel organisé par l'Opus Dei pour les jeunes à Rome pendant la semaine sainte. Pendant la première moitié des années 1980, un bus de cinquante personnes allait à Rome. À partir de la moitié des années 1980, il fallait partager le bus avec des personnes venant des Pays-Bas, de Suisse et de France. À la fin de la décennie, il fallut renoncer au car et chercher d'autres moyens de transport, puisqu'il n'y avait pas plus de dix participants, y compris les numéraires. Depuis 1995, il n'y a pas de groupe chaque année. Et s'il y en a un, ce sont deux ou trois garçons accompagnés de deux numéraires, qui ne restent que quatre ou cinq jours, à cause du manque d'intérêt des participants.

Ce phénomène est comparable à la chute de l'engouement entre la béatification du fondateur en 1992 et sa canonisation en 2002. En 1992, plus de cinq cents personnes s'étaient déplacées de Belgique. En 2002, elles n'étaient plus que 300. Le groupe de jeunes avait loué un car de cinquante places pour la canonisation, mais sans réussir à le remplir, en dépit de la présence de vingt numéraires plus ou moins jeunes.

1995-2005 : la crise

Le seul projet économique d'envergure de l'époque était la construction d'une nouvelle résidence d'étudiants à Louvain, afin de remplacer le premier centre du pays qui s'y était trouvé de manière « provisoire » en 1965. Un terrain a été acheté en 1990, mais les différents projets architectoniques présentés ont été refusés par une mairie qui ne souhaitait pas permettre l'installation d'une nouvelle résidence de l'Œuvre en plein centre-ville. Comme le terrain est inoccupé, un squat du nom de *Villa Sqwattus Dei* s'y est installé depuis l'été 2000, et des fêtes en tout genre y sont organisées. L'Œuvre a tenté plusieurs fois d'expulser les habitants, sans succès. À chaque plainte, la police locale se borne à constater l'occupation de la maison.

Du point de vue de l'opinion publique, il faut souligner la fameuse insertion de l'Opus Dei sur la liste des sectes, effectuée par le parlement belge en 1997. Bien que la liste n'ait finalement pas été votée par le parlement, l'image de l'Œuvre en a pris un coup et le phénomène d'enfermement des membres de l'Œuvre dans leur petit monde est toujours plus marqué.

Au niveau du nombre de nouvelles vocations de numéraires, il y en eut seulement trois en dix ans (l'un d'eux est déjà parti). En tout, onze numéraires ont quitté l'Œuvre ces dix dernières années. Il n'y a donc rien de brillant à souligner durant cette décennie : ni nouveau centre ni nouvelle vocation.

Mieux encore : après plus de quinze ans sans renforts de numéraires venus de l'étranger, deux numéraires arrivèrent en 2005 – l'un destiné à la commission régionale, l'autre, un jeune de dix-huit ans, a entrepris des études en Belgique, et est de fait le seul numéraire étudiant du pays. Le manque de personnel était effectivement devenu sensible après tant de départs, à tel point qu'il fallut chercher des renforts à l'extérieur. Ces derniers temps, les directeurs centraux estimaient qu'il valait mieux concentrer les efforts dans des pays qui semblaient plus prometteurs (Europe de l'Est et Afrique), d'autant que l'Espagne n'a plus les moyens d'exporter autant de numéraires que pendant les trente dernières années.

En dépit des nouveaux renforts (deux laïcs et un prêtre), le nombre total de numéraires hommes est tombé à trente-sept, dont treize prêtres, répartis dans les six centres. En fait, chaque centre est composé de deux à six laïcs, c'est-à-dire du conseil local et d'un ou deux numéraires de plus et d'un ou deux prêtres.

Pour résumer l'évolution historique de l'Œuvre en Belgique, on peut observer une période de développement et une période de crise. Peut-être que le problème le plus grave de l'Opus Dei est son incapacité à reconnaître ses échecs et à changer réellement ses méthodes de travail pour s'adapter à la réalité de la vie actuelle. Beaucoup d'aspects qui paraissaient normaux il y a cinquante ans sont devenus totalement déplacés de nos jours, par exemple le rôle des numéraires auxiliaires ou, d'une manière générale, des femmes dans l'Opus Dei, le recrutement de mineurs, une pratique de direction spirituelle complètement anachronique, etc.

Quelques statistiques

Voici l'évolution du nombre de numéraires en Belgique, ainsi que la moyenne d'âge :

	1985	1990	1995	2000	2005
Nombre de numéraires	44	42	43	42	37
Moyenne d'âge	32 ans	34 ans	37 ans	41 ans	46 ans

Cette stagnation apparente correspond à d'importants mouvements personnels (arrivées et départs d'étrangers, demandes d'admission et démissions, ainsi que deux décès). Depuis le début, des cinquante Belges qui ont demandé l'admission en tant que numéraire, il n'en reste plus que dix-sept, ce qui donne un taux de 66 % de départs, sans compter le nombre d'étrangers qui ont quitté l'Œuvre en Belgique (plus de dix). Ces vingt dernières années, il y a eu en tout seize demandes d'admission contre vingt-quatre départs.

	1985-1990	1991-1995	1996-2000	2001-2005
Demandes d'admission	8	5	2	1
Départs	8	5	5	6

Cette situation globale (baisse du nombre de numéraires et augmentation de la moyenne d'âge) est similaire dans tous les pays où l'Opus Dei est présente depuis plus de quarante-cinquante ans, sans obtenir un développement important. C'est le cas de la France, de l'Allemagne, des Pays-Bas, de la Suisse, de l'Autriche, de l'Irlande et de l'Angleterre. Les pays avec une forte implantation de l'Opus Dei, c'est-à-dire l'Espagne et l'Amérique latine, connaissent la même évolution.

Il est évident que le nombre global de numéraires baisse depuis des années, mais il est impossible d'obtenir des statistiques valides de la part des organes officiels d'information de l'Opus Dei. Les chiffres officiels de développement restent constants, ce qui est peu crédible, étant donné que les entrées et sorties de surnuméraires sont aussi très fluctuantes.

Annexe 3

Position de Raimon Panikkar, ancien membre de l'Opus Dei

Raimon Panikkar, né en 1918, théologien et philosophe catalan d'origine hindoue, a écrit plus de quarante ouvrages. Ce proche du père Henri Le Saux est l'un des plus importants initiateurs du dialogue interreligieux, qu'il a enseigné de longues années en Inde et aux États-Unis. Dans sa jeunesse, il a fait partie de l'Opus Dei et en fut l'un des premiers prêtres ordonnés.

Lettre du 8 septembre 1986[1]

On m'a demandé d'écrire quelque chose sur la théologie de l'Opus Dei. Outre l'abus de langage autour du mot théologie – théologie du jeu, du travail, de la politique –, comme si le *theos* dictait ou inspirait certains spécialistes, deux grands obstacles se dressent. En premier lieu, cela fait vingt ans que je me suis éloigné de

1. *Historia oral del Opus Dei*, Plaza & Jares (Espluges de Llobregat, Barcelone), 1987.

l'Opus Dei, et je suppose que pendant ce laps de temps il y a eu une évolution de la réflexion théologique, elle peut être maintenant différente de celle que j'ai connue. On ne peut pas tout faire en même temps, et l'Opus Dei à ses débuts est né par le « faire ». J'espère qu'entre-temps une « pensée » est apparue. Il y a eu beaucoup d'écrits polémiques et apologétiques sur l'Opus Dei, mais je n'y ai jamais trouvé de « théologie » élaborée. La bibliographie actuelle de l'Opus Dei contient très peu de réflexion théologique. Je crois que les pages que Lluís Duch, moine bénédictin de Montserrat, a publiées dans son livre *Esperança cristiana i esforç humà* sont tout à fait justes. Il souligne que la théologie politique de l'Opus Dei est fondée sur la dichotomie entre amis et ennemis. J'ajoute immédiatement que la pensée théologique n'est pas tout, ni dans la vie ni dans la réalité. Ce que je vais dire est donc doublement relatif.

J'ai déjà signalé ma deuxième difficulté : le caractère éminemment pragmatique plus que théologique des débuts de l'Œuvre. Mes propos concernent la période qui va de 1940 à 1966.

Je me souviens qu'il y a quelques années – j'avais quitté l'Œuvre depuis un moment déjà –, je déjeunais avec deux hautes autorités du monde académique et politique, et quand on m'a demandé si j'avais été membre de l'Opus Dei, j'ai répondu par une phrase assez catégorique. Depuis, je me suis repenti d'avoir prononcé un jugement aussi simpliste. La réalité est vraiment complexe. Le mal absolu n'existe pas, même subjectivement. La vie peut avoir un sens, même dans un camp de concentration. Chez Soljenitsyne, ce qui irritait les soviets n'était pas son christianisme ou son anticommunisme, mais son élégance et sa grandeur spirituelle. En ne jouant pas le jeu de ses persécuteurs, il leur montrait qu'ils ne pouvaient pas le briser. Je ne sais pas si je m'explique bien. On peut trouver le bien même de quelque chose qui est loin d'être parfait. Pour faire court, le nazisme dans sa totalité n'était pas mauvais. Beaucoup de jeunes se sont libérés de la drogue et de l'obsession sexuelle en suivant des maîtres et des écoles qui laissent beaucoup à désirer. Quand nous percevons uniquement le mal chez l'autre, nous nous trahissons nous-mêmes : nous découvrons nos fautes cachées.

En exposant ces exemples, je pense à quelque chose de plus profond que le fait que ce qui revient à quelqu'un, c'est ce qu'il espère et ce qu'il apporte. Les jugements catégoriques, en plus d'être presque toujours faux, ont le grand défaut d'entraver le pardon, le changement, la correction. En ne gardant pas vivant le souvenir de l'holocauste des Juifs, nous facilitons sa répétition. On finit par ressembler à ce que l'on hait.

L'anticommunisme est un autre exemple. Le fait de brûler nos passeports d'Espagnols, d'Européens, de chrétiens, de croyants, d'humains, au nom des atrocités qui ont été commises par ces différents groupes, peut finir en auto-immolation. Le puritanisme, de toute classe qu'il soit, est contre-productif. Il se détruit lui-même. Ne faire que des critiques négatives de l'Œuvre revient à lancer des pierres sur son propre toit.

Même en supposant que l'Opus Dei a des principes antichrétiens (suivant les critères chrétiens) ou antihumanistes (suivant les critères humanistes), leur simple dénonciation et condamnation ne fait qu'exacerber les positions, et peut même aboutir à les exalter. Pensons par exemple à l'évolution du marxisme, qui passe d'une position dogmatique à une position critique, ou de l'Église catholique, qui passe de bourreau des hérétiques et d'ennemi du pluralisme au rôle de défenseur de la liberté et des droits de l'homme. Les réalités humaines sont très complexes.

Pour résumer, parler de l'Œuvre uniquement en bien ou en mal, ou la juger comme un conglomérat de bonnes et de mauvaises choses, me paraît méthodologiquement erroné – quels sont les critères appliqués ? –, et sans fondement philosophique – sur quelle base juge-t-on ?

Le syllogisme enfantin suivant est également inadmissible : « L'Église est bonne, l'Œuvre est approuvée par l'Église, donc l'Œuvre est de Dieu. » À l'inverse, il est également faux de critiquer l'Opus Dei en tant que mouvement religieux et de considérer la religion comme une superstition ou une organisation maléfique.

En un mot, on peut donner son opinion sur tout, mais cette opinion est doublement subjective : elle reflète d'emblée l'auteur et sa biographie, ainsi que l'interlocuteur visé, qui vit lui-même un contexte conditionnant le dialogue. Et les difficultés augmentent quand de fortes émotions entrent en jeu, comme dans le cas présent. J'ai consacré quarante ans de ma vie à la compréhension d'autrui – culture, religion, philosophie – et appliquer mes idées au cas concret de l'Opus Dei est un réel plaisir. La victoire ne débouche jamais sur la paix.

Toute organisation qui se prétend chrétienne prend évidemment le Nouveau Testament comme référence normative. Mais la « théologie » se manifeste :

1. par la sélection des textes ;
2. par leur interprétation ;
3. par leur traduction dans la praxis.

Il ne suffit pas par exemple de citer beaucoup de textes sur l'amour, si ensuite on l'interprète comme amour à la vérité et au bien par-dessus le bien des individus ou même des communautés. Il ne suffit pas de parler d'*agape*, si cela se traduit ensuite en esprit de croisade. Je pense que l'étude théologique de l'Opus Dei est encore à faire, en dépit des essais existant sur le livre *Chemin*.

Enfin, il n'y a pas de théologie sans contexte. Et le contexte espagnol des années 1930-1940 influence fortement l'interprétation que l'Opus Dei fait d'elle-même et du christianisme.

Pour résumer et laisser une grande marge d'indétermination, on pourrait souligner les points suivants, que je qualifierais de « théologoumènes » :

1. Le catholicisme romain est la seule religion véridique en dehors de laquelle il n'y a pas de salut parce qu'elle contient toute la vérité.

2. À l'intérieur du catholicisme, seuls certains ont le courage de suivre toutes ses exigences héroïques, et c'est à eux qu'incombe la tâche d'être les continuateurs de l'œuvre messianique de Jésus.

3. Les prêtres et les religieux, qui remplissaient traditionnellement cette mission, doivent être, pour le moins, complétés par des laïcs qui l'exercent :

a. dans le monde ;

b. en employant les mêmes méthodes que le monde (presse, politique, monde du travail, de l'économie, de l'industrie, richesse…).

Pour cela, il faut utiliser une discipline des plus sévères et une flexibilité des plus subtiles : la volonté de vaincre (pour le Christ bien sûr) et la connaissance des structures sociales. La science est mise au service du Christ.

4. S'il y a de l'injustice et du désordre dans le monde, c'est parce que « nous » (les bons, les catholiques, les pratiquants, ceux qui suivent les conseils évangéliques) n'avons pas le pouvoir. Par conséquent, tous les problèmes sociaux, du travail, de la guerre et de la paix, etc., sont subordonnés à ce que notre élite s'empare des rênes qui gouvernent le monde. C'est la théologie des causes secondes.

Nous devons apprendre des Césars, des Napoléons, des Mussolinis. Le seul problème, c'est qu'ils étaient mauvais, et c'est pour cela qu'ils ont échoué.

5. L'arme qui va instaurer le Royaume de Dieu, c'est le travail ordinaire. Tout est ordonné

à cette fin. La prière, la pénitence et les autres vertus (comme la persévérance, la prudence, la force...) sont exercées sur le terrain du travail ordinaire avec pour but de conquérir les premières chaises dans tous les domaines (politique, économique, scientifique, culturel), pour répandre d'en haut le règne de la justice, de l'amour et de la paix. Pour une cause aussi noble, tout sacrifice est minime.

Gédéon, tu ne vaincras pas, tu as trop d'hommes. Sélectionne les plus aguerris[1].

6. Le monde ne nous comprendra pas. Les tièdes non plus. Même à l'intérieur de l'Église il y a des gens bonasses qui, comme Jean XXIII, veulent pactiser avec le monde. Tous ces gens ne peuvent comprendre l'esprit de combat que maintenait la prière à saint Michel récitée par les prêtres à genoux après chaque messe. Et, en général, les bons ont été jusqu'à présent assez peu intelligents. « Nous », nous avons le devoir, et la vocation, d'être bons et intelligents. Nous sommes le petit reste d'Israël ! C'est pourquoi la discrétion et le secret (la *disciplina arcani*) sont nécessaires pour ne pas tomber dans les embûches de « l'esprit du mal ». Nous sommes malins !

7. Cette utilisation de tous les moyens du monde (intelligence, stratégie, politique, argent,

---

1. Référence aux chapitres 6-8 du Livre des Juges, pendant lesquels Gédéon, le chef de guerre israélite, obtient de Dieu la victoire contre un ennemi à condition d'être en grande infériorité numérique, afin de manifester l'intervention divine.

science...) pour la conquête du pouvoir afin d'instaurer l'idéal modernisé de la chrétienté, cette confiance dans les moyens naturels, exige en même temps l'utilisation des moyens surnaturels. En cas contraire, l'équilibre serait rompu, et notre entreprise cesserait d'être l'œuvre de Dieu, Opus Dei. Sans prière, sacrifice, obéissance, sainteté, etc., on n'arrivera à rien. Tout va ensemble. La seule chose qui ne peut pas être remise en cause, c'est l'idée subjacente de Dieu et de son règne.

Je pourrais continuer à l'infini de montrer cette ambivalence qui peut paraître inquiétante à certains. Mais beaucoup de chrétiens souscrivent à ces thèses. Et il y en a aussi des masses qui ne les formuleraient pas de cette manière, les interpréteraient différemment ou les compléteraient par d'autres. La spiritualité de François d'Assise, reflétée récemment dans l'ouvrage de Leonardo Boff, offre une autre interprétation du christianisme. Les nouvelles vagues de la « majorité morale » des États-Unis nous offrent à nouveau une autre interprétation de la Bible. Le pluralisme théologique est une réalité.

Le motif pour lequel je résiste à écrire plus profondément sur la théologie de l'Opus Dei, c'est la distraction que cela suppose pour mon esprit, le cumin et l'anis, alors que l'important, dans la Vie, c'est la justice, la miséricorde et la foi, pour citer à nouveau l'Évangile (le discernement, la compassion, la loyauté). Alors que le monde brûle, que l'humanité dans ses trois quarts souffre de l'injustice humaine, alors que la planète s'émiette à cause de l'*hybris* de l'homme, alors que le christianisme souffre des douleurs de l'enfantement pour mettre au monde une « christianité » libérant des systèmes de vie et de pensée du passé, alors que ce que l'Évangile porte en elle est une *metanoïa* radicale, alors que ce qui est remis en question, ce sont les six mille dernières années d'expérience historique (le mode de vie de l'*homo historicus*), s'occuper en détail d'un groupe messianique me paraît intéressant dans la mesure où cela ne nous éloigne pas du *unum necessarium* de la Vie (pour suivre les mots du Christ, tant que cela n'est bien sûr pas interprété comme un *unicum* exclusiviste et particulier). En d'autres mots, les problèmes actuels de l'homme – pas seulement de l'humanité – exigent un *pathos*, un *eros* et une *agape* d'une profondeur et ampleur difficilement compatible avec la routine d'une existence mise au service d'un système – pratique et théorique – qui conduit de toute évidence à l'homicide et au terricide.

Table

PREMIÈRE PARTIE
UNE VIE AU SEIN DE L'OPUS DEI

DEUXIÈME PARTIE
LA DOCTRINE SECRÈTE DE L'OPUS DEI

TROISIÈME PARTIE
LE FANATISME DE L'OPUS DEI

ANNEXES

Achevé d'imprimer par N.I.I.A.G.
en août 2010
pour le compte de France Loisirs, Paris

N° d'éditeur : 60846
Dépôt légal : mai 2010
Imprimé en Italie